Mit der
Becherlupe
auf Entdeckungstour

Anita van Saan

Mit Illustrationen von Kirsten Schlag

In Teichen, Seen, Bächen, im Wald, im Garten und auf der Wiese wimmelt es oft nur so von Tieren: großen, kleinen, atemberaubend schönen und auch gruseligen, bekannten und weniger bekannten. Manche hast du vielleicht noch nie zuvor gesehen. Taumelkäfer, Köcherfliegenlarven, Strudelwürmer, Gallwespen, Feuerwanzen, Glühwürmchen, Regenwürmer ... Alle sind bei uns zu Hause. Welche davon sind dir noch nicht begegnet?

Höchste Zeit für eine spannende Entdeckertour! Mit diesem Buch und deiner Becherlupe bist du bestens gerüstet, um die Tierwelt in den verschiedenen Lebensräumen zu erforschen.

Und nun viel Spaß auf unserer gemeinsamen Becherlupen-Expedition!

Tipp!

Wenn im Text ein schwieriges Wort auftaucht, das du nicht kennst, schau im Glossar nach (S. 94). Dort ist es erklärt.

Inhalt

Vorbereitungen für die Entdeckertour

Die Ausrüstung

Die Becherlupe

Die Becherlupe ist natürlich der wichtigste Ausrüstungsgegenstand für deine Entdeckertour. In den Kunststoffbecher gibst du das Tier hinein, das du näher betrachten möchtest. Du kannst für manche Tiere ein paar Blätter, etwas Gras oder Erde mit hinzutun. Der Becher lässt sich auch mit Wasser auffüllen. Dann kannst du wasserlebende Tiere in deinem Mini-Aquarium schwimmen lassen und sie dabei prima studieren.

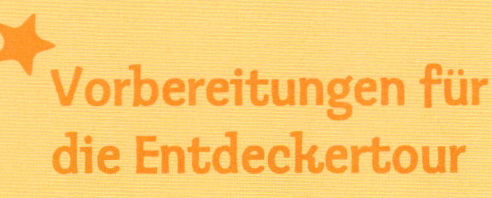

abnehmbarer Deckel mit Lupe

Luftlöcher

Kunststoffbecher

seitliche Lupe

Pinzette

So funktioniert die Becherlupe

Eine Becherlupe hat meistens zwei Lupen, die alles vergrößern, was du durch sie betrachtest. Manche Becherlupen haben auch seitliche Lupen. So lassen sich alle Einzelheiten deines Fangs nicht nur von oben, sondern auch von der Seite genau studieren. Damit die Tiere im Becher atmen können, befinden sich mehrere Luftlöcher im Deckel. Der Deckel lässt sich auch abnehmen und ohne Becher wie eine normale Lupe benutzen. Damit kannst du die Tiere betrachten, die du nicht einfangen möchtest, kannst oder darfst – wie z. B. Schmetterlinge. Ab und an solltest du deine Becherlupe reinigen. Am besten mit einem weichen Tuch und etwas Seifenwasser. Wisch Staub- und Schmutzteilchen nie trocken ab, sonst verkratzt deine Becherlupe.

Sonst noch im Gepäck

Neben deiner Becherlupe gibt es noch ein paar andere Dinge, die in deiner Expeditionsausrüstung nicht fehlen sollten:

★ Kescher zum Einfangen der Tiere

★ Insektennetz bzw. -kescher zum Einfangen von Insekten

★ Taschenlampe für Expeditionen im Dunkeln und um Experimente durchzuführen

★ Schreibheft und Kuli, um eigene Expeditionsergebnisse zu notieren

★ Gummistiefel, Sonnenhut und Sonnencreme

Tierschutz und Selbstschutz

Achte beim Umgang mit Tieren darauf, dass sie nicht verletzt werden. Setze alle von dir in der Becherlupe beobachteten Tiere wieder dort aus, wo du sie gefangen hast. Geschützte Tierarten dürfen beobachtet und zu diesem Zweck auch für kurze Zeit eingefangen werden. Wasserlebende Tiere brauchen während der Beobachtung in der Becherlupe unbedingt Wasser zum Atmen.

Besonders empfindliche Lebewesen wie Schmetterlinge gehören nicht in die Becherlupe. Aber du musst dich auch selbst schützen und keine beißenden oder stechenden Tiere wie die Erdhummel oder den Sandlaufkäfer mit der Hand fangen oder anfassen!

Beißwerkzeug des Sandlaufkäfers

Admiral-Schmetterling

empfindliche Schuppen

Tipps zum Finden und Fangen von Tieren

Es gibt viele Möglichkeiten, Tiere zu fangen und sicher in deine Becherlupe zu befördern. Bei deiner Entdeckertour ist es ratsam, die hierfür notwendigen Hilfsmittel – besonders die Becherlupe! – immer griffbereit zu haben, denn oft tauchen interessante Tiere überraschend auf und mancher flinke Krabbler ist allzu schnell wieder verschwunden.
Einige häufig angewendete Fangmethoden sind:

* ★ Steine und Holz umdrehen
* ★ morsches Holz zerstochern
* ★ welke Blätter und abgestorbene Zweige hochheben
* ★ mit einer Gartenschaufel im Boden graben
* ★ mit einem Kescher Tiere aus dem Wasser fangen
* ★ mit einem Insektennetz Tiere aus der Luft oder von Pflanzen herunterkeschern
* ★ einsammeln mit der Hand oder Pinzette
* ★ Büsche schütteln, bis kleine Tiere herunterfallen oder auffliegen
* ★ tote Rinde von Baumstämmen lösen
* ★ Tiere direkt in die Becherlupe hineinkrabbeln oder schwimmen lassen
* ★ in der Dunkelheit mithilfe einer Taschenlampe nachtaktive Tiere aufspüren

Genaueres zum Fangen der einzelnen Tiere erfährst du im jeweiligen Kapitel.

Insektennetz selbst gebaut

Zur Herstellung eines Insektennetzes benötigst du lediglich einen ausgedienten Federball- oder Squashschläger, einen Stoffbeutel, eine Schere sowie einen Tacker. Entferne die Saiten des Schlägers und die Trageriemen des Stoffbeutels. Leg dann den oberen Rand des Beutels um den Schlägerrand herum und tackere ihn so zusammen, dass er diesen umschließt und ein Fangkescher entsteht.

Spezialeffekte

Mit diesen Spezialeffekten werden deine Beobachtungen
in der Becherlupe noch interessanter:

Richte eine Taschenlampe von unten oder von der Seite auf den Becher.
So sind kleinste Körperteile der Tiere noch besser zu erkennen. Manche
Tiere reagieren auch auf den Lichtstrahl. Sie bewegen sich zu ihm hin,
davon weg oder werden einfach aktiver.

Leg farbige oder weiße Pappen unter die Becherlupe.

So kannst du viele Tiere besser studieren. Wenn du z. B. eine bunte
Schmetterlingsraupe auf dem Boden der Becherlupe anschaust, ist
ihre Zeichnung vor einem weißen Hintergrund wesentlich deutlicher
zu erkennen.

Füttere deinen Fang mit Pflanzen und Tieren.

So kannst du das Lauer-, Beutefang- und Fressverhalten mancher Tiere beobachten. Wenn du Tiere verfütterst, verwende nur Schädlinge wie Blattläuse.

Zu den Spezialeffekten bekommst du noch mehr Tipps, wenn die einzelnen Tiere vorgestellt werden!

Tipp!

Große Tiere – große Becherlupe

Setze größere Tiere wie Molche oder Frösche unbedingt in die große Becherlupe, wenn du sie näher betrachten willst. Sonst haben sie zu wenig Platz und könnten sich verletzen.

Lebensraum Wiese und Garten

Wenn im Sommer die Sonne scheint, ist es besonders schön, auf einer Wiese zu liegen und die bunte Pflanzen- und lebhafte Tierwelt um sich herum zu betrachten. Auf Wiesen wachsen je nach Standort, Klima und Bodenbeschaffenheit ganz unterschiedliche Gräser, Blumen, Kräuter, Moose und Flechten, zwischen denen zahlreiche große und kleine Tiere leben und auf Nahrungssuche gehen.

Keine Wiese ist wie die andere

Es gibt viele unterschiedliche Wiesenformen: Fettwiesen, Magerrasen, Trocken-, Feucht- und Salzwiesen, Bergalmen, Blumenwiesen und natürlich die säuberlich gemähten Rasen in Gärten und Parks. Fettwiesen sind die einfarbig sattgrünen, oft gedüngten Grasflächen, die die Bauern mehrmals im Jahr schneiden, um Heu und Silofutter für ihre Tiere herzustellen. Der Boden unter solchen Wiesen ist nährstoffreich und feucht, hier leben nur wenige Gras- und Tierarten.

Schon etwas bunter sind die meist auf sandigen und daher trockenen und nährstoffarmen Böden wachsenden Magerrasen und Trockenwiesen. Du erkennst sie an den locker stehenden Silbergräsern, Rentierflechten und wenigen kleinen Blütenpflanzen.

Feuchtwiesen mit ihren Binsen- und Seggenbüscheln – das sind grasartige Pflanzen – gedeihen auf sumpfigem oder moorigem, meist sehr nassem und nährstoffarmen Boden. Hier findet man manchmal besonders seltene Pflanzen wie Wollgras oder Orchideen.

Salzwiesen sind eine Sonderform der Feuchtwiesen. Sie entstehen dort, wo das Meer oder unterirdische Salzstöcke das Grundwasser salzig machen. Hier stehen Pflanzen mit dickfleischigen Blättern und Stängeln und anderen besonderen Anpassungen an das salzhaltige Wasser. Auf hartem und steinigen, oft sehr kalkhaltigem Boden der Gebirgsregionen gedeihen bunt blühende Bergwiesen, Almen genannt.

Werden saftige Wiesen auf guten, lockeren Böden nur ein- bis zweimal im Jahr gemäht, entstehen auch hier statt der eintönigen Fettwiesen sehr bunte Blumenwiesen, die wesentlich mehr Pflanzen- und kleinen Tierarten ein Zuhause bieten. Schließlich gibt es noch die häufig gemähten Rasen in Parks und Gärten, die außer ein paar Gänseblümchen und Moosen wenige Pflanzenarten neben dem Gras dulden. Hier leben leider auch nur sehr wenige Tierarten.

Für die Entdeckertour mit der Becherlupe eignen sich am besten die bunten, nur selten gemähten Blumenwiesen und Almen sowie die Magerrasen. Auf diesen Wiesen kannst du alle auf den folgenden Seiten genannten Tiere beobachten, fangen und mithilfe deiner Becherlupe genauer studieren.

Grashüpfer

Wer zirpt hier?

Tipp!

Leg dich an einem Sommernachmittag auf eine Wiese und lausche. Wie viele verschiedene Töne hörst du? Kannst du feststellen, welches Tier welche Geräusche macht? Pirsche dich vorsichtig an und beobachte durch den Lupendeckel der Becherlupe, wie die Grashüpfer ihre Zirplaute erzeugen: Sie reiben ihre Hinterbeine an einer Kante ihrer Flügel, der sogenannten Schrillleiste. Die in Erdlöchern lebenden Grillen hingegen machen zirpende Geräusche, indem sie ihre Flügel sehr schnell gegeneinander reiben.

Leben auf und in der Wiese

Auf den unterschiedlichen Wiesen leben viele verschiedene Tierarten. Wenn du genau hinschaust, kannst du unzählige Insekten in einer Wiese entdecken.

Käfer, Fliegen, Wespen, Hummeln, Bienen und Schmetterlinge besuchen die Blüten der Blumen, um Nektar zu trinken. Dabei sorgen sie gleichzeitig für die Bestäubung vieler Pflanzen.

Laufkäfer krabbeln flink auf dem Boden umher. Sie sind große, starke Räuber, deren Deckflügel oft metallisch oder bunt schillern. Ihre Zangen sind so kräftig, dass sie auch Menschen empfindlich zwicken können, wenn sie sich bedroht fühlen. Möchtest du einen Laufkäfer zum Beobachten kurz in die Becherlupe setzen, benutze dafür die Pinzette oder lass ihn selbst hineinkrabbeln, während du den Becher vor ihm auf den Boden hältst. Besonders an den Abbruchkanten sandiger Trockenwiesen kannst du manchmal zahlreiche kleine Trichter entdecken. Das sind keine Einschlaglöcher großer Regentropfen, sondern die Fangtrichter von Ameisenlöwen. Geraten kleine Bodentiere wie Ameisen dort hinein, rutschen sie an der Wand des Trichters hinunter in dessen Mitte und werden von den Ameisenlöwen – den borstigen, dickbäuchigen Larven der zarten, libellenartigen Ameisenjungfer – gepackt und gefressen.

Viele Tiere leben nicht nur auf und von der Wiese, sie sichern auch deren Existenz. Der Regenwurm (siehe S. 30) verbessert den Boden durch sein Wühlen. Andere Tierarten verbreiten die Samen der Pflanzen. Vögel scheiden diese unverdaut wieder aus, Kletten und viele Grassamen bleiben im Fell streunender Füchse, Dachse, Wildschweine und Rehe hängen und fallen andernorts wieder ab.

Laufkäfer und Ameise
am Trichter eines
Ameisenlöwen

13

Fressen und gefressen werden

Unter den vegetarisch lebenden Insekten gibt es zahlreiche Nahrungsspezialisten, die nur bestimmte Futterpflanzen fressen. Verschwinden diese, bleiben auch die entsprechenden Insekten aus.

So sind z. B. bei Menschen und Weidetieren unbeliebte Wiesen- und Gartenpflanzen wie Disteln und Brennnesseln für viele Schmetterlingsarten wichtig. Auf Distelblüten findet man im Sommer unzählige Fluginsekten, die von den reichen Nektarvorkommen leben.

Die Raupe des Admirals ernährt sich, wie viele andere Schmetterlingsraupen auch, von Brennnesseln. Der erwachsene Schmetterling selbst fliegt im Spätsommer gern in Gärten, er sitzt dann auf den Blüten des Sommerflieders oder an herabgefallenem Obst. Besonders liebt er den Saft reifer Zwetschgen und Pflaumen. Er ist schwarz mit leuchtend weißen und roten Mustern am Rand der Flügel. Schmetterlinge solltest du nicht in die Becherlupe setzen, da sie darin wild herumflattern und ihre empfindlichen Flügel beschädigen würden.

Admiral am Sommerflieder

Der Teichfrosch nutzt die Wiese indirekt als Nahrungs-quelle. Er stellt den vielen kleinen und großen Insek-tenarten nach, die sich darin aufhalten. Kohlschnaken zählen dabei zu seiner Lieblingsbeute, da sie langsam und in Bodennähe fliegen, groß und fett sind und keinen Giftstachel besitzen. Wespen hingegen lässt er links liegen, spätes-tens, wenn er einmal schlechte Erfahrungen mit einem dieser stacheligen Flieger gemacht hat. Diese Angst des Froschs vor Wespen nützt auch der gänzlich ungefährlichen Schwebfliege, sie hat nämlich einen tollen Trick auf Lager: Mimikry!

Feuerwanzen (siehe S. 18) können in Gärten und Parks in großen Mengen auftauchen. Sie sind Nützlinge, denn wenn sie nicht genug Lindensamen finden – ihre eigentliche Nahrung –, saugen sie schädliche Blattläuse aus. Auch der **Marienkäfer** (siehe S. 26) und besonders seine Larve vertilgen Unmengen dieser Schädlinge.

★ Schon gewusst? ★

Mimikry ist keine asiatische Kampfsportart für Insekten, sondern eine besondere Form der Tarnung. Im Laufe der Evolution hat eine ganze Reihe harmloser Insekten – aber z. B. auch Schlangen – die Färbung, Form und Verhaltensweisen von ähnlichen, giftigen Arten nachgeahmt. So haben z. B. manche Schwebfliegenarten eine Körperfärbung entwickelt, die der von Stechinsekten wie Wespen oder Bienen verblüffend ähnlich sieht. Sie haben in etwa die gleiche Größe und sind gelb-schwarz ge-ringelt wie die Wespen oder braun und pelzig wie die Bienen. Dadurch werden Schwebfliegen oft von ihren Fressfeinden verschmäht, weil diese sie für gefährlich halten, obwohl sie doch eigentlich schmackhaft und vollkommen harmlos sind.

Die Wiese im Tagesverlauf

Morgens glitzern die zwischen Grashalmen gespannten Netze der Wespenspinnen besonders schön, sie sind dann noch voller Tautropfen, die im schräg einfallenden Sonnenlicht schillern.

Die große, schwarz-gelb gestreifte Spinne hängt stets kopfüber in ihrem Netz, das durch eine zickzackförmige Verstärkung in der Mitte leicht von anderen Spinnennetzen zu unterscheiden ist.

Wespenspinne
mit Beute

Hummeln und Schmetterlinge gehen gegen Mittag auf Nahrungssuche. Sie können besonders gut fliegen, wenn ihre Muskeln durch die Sonnenwärme aufgeheizt sind. Auch die Erdhummel sammelt dann Pollen und Nektar für ihren Nachwuchs. Die Pollen klebt sie an ihre Hinterbeine, sodass die typischen Pollenhöschen entstehen. Sie lebt in Erdhöhlen, die sie selbst gräbt. Am Nachmittag und abends zirpen die Grashüpfer, Grillen und Heuschrecken besonders laut.

Gegen Abend trauen sich auch die abend- und nachtaktiven Gehäuseschnecken (siehe S. 34) aus ihren Verstecken unter Brettern, Steinen und aus Baumhöhlen hinaus und hinterlassen ihre schillernden Schleimspuren auf Wegen und Pflanzen. Wenn die Dämmerung im Juni oder Juli spätabends bereits fortgeschritten ist, kannst du mit etwas Glück kleine, neongrüne Lichtpunkte im hohen Gras, an Wegesrändern oder auf Steinen und Mauern entdecken. Das sind die Weibchen der Glühwürmchen (siehe S. 22), die mit ihren Leuchtsignalen einen Partner für die Fortpflanzung suchen.

Erdhummel auf dem
Weg zur Erdhöhle

Die Feuerwanze

Feuerwanzen sind sehr gesellig. Manchmal treten sie in großen Gruppen mit bis zu einigen Hundert Tieren auf. Auch die Nähe des Menschen scheuen sie nicht. Sie krabbeln häufig in Gärten herum, besonders, wenn darin Linden wachsen. Die rot-schwarz gemusterten Tierchen werden auch Feuerkäfer genannt. Eine irreführende Bezeichnung, denn Feuerwanzen sind keine Käfer. Allerdings ist es tatsächlich nicht immer leicht, eine Wanze von einem Käfer zu unterscheiden. Form und Größe der meisten Wanzen erinnern sehr an Käfer und wie diese besitzen sie feste, manchmal auffällig gefärbte Deckflügel. Die meisten Käfer haben jedoch Beißzangen, Wanzen hingegen besitzen immer Stechrüssel.

Typisch Feuerwanze!

★ Der Körper der Feuerwanzen ist länglich-oval und abgeflacht. Sie werden etwa 0,9 bis 1,3 cm lang.

★ Färbung und Musterung sind von Tier zu Tier sehr verschieden. Auf feuerrotem Untergrund (daher ihr Name!) haben die Feuerwanzen ein auffälliges schwarzes Muster, meist aus Punkten und einem großen Dreieck etwa in der Körpermitte.

★ Wie alle Wanzen besitzen sie einen Stechrüssel, der während der Fortbewegung nach hinten unter den Kopf geklappt wird.

★ Feuerwanzen besitzen zwar Flügel, doch haben sich diese im Laufe der Evolution so weit zurückgebildet, dass sie damit nicht mehr fliegen können.

Eigentlich vegetarisch

Mithilfe ihres Stechrüssels saugen Feuerwanzen hauptsächlich den Pflanzensaft aus herabgefallenen Lindensamen. Sie mögen aber auch andere Pflanzenteile sowie tote Insekten und kleine Wirbeltiere, z. B. Mäuse. Bei Nahrungsmangel werden sie räuberisch und greifen andere Insektenarten wie etwa Blattläuse an.

Auf einen Blick

Arten: weltweit etwa 300, in Mitteleuropa 2

Gattung: Pyrrhocoris

Familie: Pyrrhocoridae (Feuerwanzen)

Unterordnung: Heteroptera (Wanzen)

Ordnung: Hemiptera (Schnabelkerfe)

Klasse: Insecta (Insekten)

Stechrüssel

★ Schon gewusst? ★

Um Feinde abzuwehren und sich gegen Parasiten und Krankheitserreger zu schützen, besitzen die erwachsenen Feuerwanzen Stinkdrüsen, die in der Nähe der Hinterbeine liegen. Die daraus abgesonderte Flüssigkeit riecht und schmeckt sehr unangenehm. Ihre leuchtend rote Farbe weist Vögel und Insektenfresser – zum Beispiel Igel und Spitzmäuse – auf ihren schlechten Geschmack hin. Räuberische Insekten wie Laufkäfer werden von der Abwehrflüssigkeit der Feuerwanzen übrigens sogar für kurze Zeit gelähmt. Für den Menschen ist die Stinkbrühe ungefährlich.

Schau mich nicht an

Die Paarungszeit der Feuerwanzen dauert von April bis Mai. Während der Paarung sehen sich Männchen und Weibchen nicht an, sie stehen mit den Hinterenden aneinander. Das kann einen ganzen Tag lang dauern. Das Weibchen legt 60 bis 100 Eier in selbst gegrabene, kleine Erdhöhlen oder unter altem Laub ab. Die auch als Nymphen bezeichneten Larven häuten sich fünf Mal, bis sie erwachsen sind.

Paarungszeit bei den Feuerwanzen

Nase zuhalten und einsammeln

Feuerwanzen kannst du in Gärten und Parks auf Steinen, Mauern und Wegen oder in hohlen Baumstümpfen finden. Besonders mögen sie solche Plätze, wenn dort Linden wachsen. An Orten, an denen es ausreichend Nahrung und Winterquartiere gibt, treten sie oft in großen Mengen auf und sind daher leicht zu entdecken.

Greif sie vorsichtig mit der Pinzette oder der Hand oder lass sie direkt in die Becherlupe krabbeln. Aber Achtung: Die Wanzen versprühen bei Gefahr einen unangenehm riechenden Abwehrstoff.

Wirklich kein Schädling?

Setze ein paar Feuerwanzen in deine Becherlupe und biete ihnen verschiedene Gemüsesorten wie frischen Salat, Karotten, eine Gurkenscheibe, Rauke und ähnliches zum Fressen an. Lege außerdem Lindensamen aus dem Garten oder einem Park hinzu und beobachte, woran die Wanzen nach einer Eingewöhnungszeit zuerst zu saugen beginnen.

Mögen sie die Samen wirklich am liebsten? Oder vergreifen sie sich doch am knackigen Salat? Durch die seitliche Lupe kannst du den ziemlich langen Stechrüssel erkennen.

Das Glühwürmchen

In lauen Sommernächten schwirren winzige Lichter durch die Luft. Es sind männliche Glühwürmchen auf der Suche nach paarungswilligen Weibchen. Die kleinen Käfer senden ein neongrünes Leuchten aus, das durch eine chemische Reaktion in ihrem Innern entsteht. Dabei leuchtet nicht das gesamte Tier, sondern nur ein schmaler Bereich auf der Bauchseite am Hinterleib. Manche Arten senden ein Dauerleuchten aus, andere blinken in einem Rhythmus, der für jede Art typisch ist. Um von den Männchen gut gesehen zu werden, sitzen die leuchtenden Weibchen der Glühwürmchen auf Wiesen oben an langen Halmen, an Wald- und Straßenrändern, in Weinbergen, auf Steinen, Zäunen oder Mauern.

Typisch Glühwürmchen!

★ Glühwürmchen haben einen langgestreckten, schlanken Körper. Die Weibchen werden je nach Art etwa 1 bis 2,2 cm lang, die Männchen selten mehr als 1 cm.

★ Glühwürmchen sind graubraun gefärbt, am Bauch sind sie heller. Dort sitzt die lichtdurchlässige Leuchtstelle.

★ Die Männchen fliegen suchend umher und landen in der Nähe im Gras wartender Weibchen. Bei manchen Arten beantworten sie zuvor deren Lichtsignale.

★ Die Weibchen sind flügellos oder haben nur kleine Flügel, die nicht zum Fliegen geeignet sind.

★ Die Larven leuchten ständig, aber nur ganz schwach.

Larven auf Schneckenjagd

Die Larven der bei uns heimischen Leuchtkäfer jagen alle Arten von Schnecken. Sie folgen der frischen Schleimspur der Schnecke und spritzen ihr mit ihren dolchartigen Oberkiefern Gift ein, bis sie gelähmt ist. Dann zerren sie die Beute in ein Versteck und fressen sie innerhalb von ein bis zwei Tagen komplett auf, wobei die Schneckenhäuser leer und sauber übrig bleiben.

Die erwachsenen Tiere unserer Glühwürmchenarten nehmen keine Nahrung mehr zu sich, denn das Männchen stirbt nach der Paarung, das Weibchen nach der Eiablage.

Leuchtstelle der
Glühwürmchen

Heiratsanzeige per Leuchtsignal

Wenn sich die erwachsenen Glühwürmchen per Leuchtsignal gefunden haben, paaren sie sich. Das ist bei uns meist im Juni oder Juli der Fall. Das Weibchen legt 60 bis 90 bereits etwas leuchtende Eier in der Nähe ihres eigenen Leuchtplatzes im Boden ab. Die ebenfalls schwach leuchtenden Larven schlüpfen Ende August. Sie überwintern zwei- bis dreimal und machen fünf Häutungen durch, bis sie ausgewachsen sind und sich Anfang Juni verpuppen. Die Puppenruhe dauert etwa 8 bis 11 Tage.

★ Schon gewusst? ★

In Nordamerika gibt es eine Glühwürmchenart, die auch als Erwachsene noch Nahrung aufnimmt und deren Weibchen eine Methode entwickelt haben, sich das Futter direkt anliefern zu lassen: Sie ahmen die Leuchtsignale anderer Arten nach und locken so die Männchen dieser Glühwürmchen an. Sobald diese gelandet sind, werden sie von den »betrügerischen« Weibchen verspeist.

Folge dem Licht

Weil die leuchtenden Glühwürmchenweibchen von den Männchen schnell gefunden werden wollen, verstecken sie sich nicht, sondern sitzen an besonders gut einsehbaren Stellen. Auch du kannst sie so leicht entdecken, am besten im Juni und Juli.

Die Tiere beginnen jedoch erst zu leuchten, wenn es schon richtig dunkel ist. Dann sind sie kaum zu übersehen und – da sie nicht fliegen können – einfach vorsichtig mit der Hand einzufangen. Die flugfähigen Männchen kannst du mit einem Insektennetz aus der Luft fangen, wenn sie sich den Weibchen annähern und diese umkreisen.

Tipp!

Leuchtkäfer-Laterne

Sammle mehrere Glühwürmchen mit ein wenig Gras in deiner Becherlupe und betrachte sie genau. Am Hinterende des Bauches haben die Tierchen eine helle Stelle, dort sitzt das Leuchtorgan. Du erkennst auch deutlich, dass die Weibchen keine oder nur ganz kleine Flügel besitzen und eher wie eine Assel als wie ein Käfer aussehen.

Wenn es dunkel ist, kannst du deine Becherlupe auch als Laterne benutzen, sobald die Glühwürmchen darin zu leuchten beginnen.

Glühwürmchen-
Männchen

Leuchtende
Glühwürmchen-
Weibchen

Der Marienkäfer

Marienkäfer gelten als Glücksbringer. Was sie für Gärtner und Bauern auch sind! Denn so harmlos die niedlichen Krabbeltiere aussehen, sind sie und ihre Larven doch gefräßige Blattlausjäger, die sogar gezielt zur biologischen Schädlingsbekämpfung gezüchtet und ausgesetzt werden.

Unser häufigster Marienkäfer ist der 7-Punkt-Marienkäfer mit seinen sieben schwarzen Punkten auf leuchtend roten Deckflügeln. Er wird auch Glückskäfer genannt, weil die Zahl sieben schon seit jeher als Glückszahl und mystische Zahl gilt. Für die Landwirte im Mittelalter galten Marienkäfer übrigens als Geschenk der heiligen Maria, daher der Name.

Typisch Marienkäfer!

★ Marienkäfer haben einen halbkugeligen, glänzenden Körper.

★ Die kleinste Marienkäferart, der Schwarze Kugelmarienkäfer, ist nur etwas über 1 mm groß. Die größte, der Augenmarienkäfer, wird bis zu 9 mm groß. 7-Punkt-Marienkäfer erreichen 5 bis 8 mm.

★ Marienkäfer haben zwei zarte Flugflügel, die von harten Deckflügeln geschützt werden. Zum Fliegen werden die Deckflügel zur Seite geklappt und die Flugflügel entfaltet.

★ Die Färbung der Marienkäfer ist innerhalb mancher Arten sehr variabel, das heißt unterschiedlich. Die in Deutschland vorkommenden Arten haben zwei bis 24 Punkte auf den roten, gelben, orangen, schwarzen oder bräunlichen Flügeldecken.

★ Alle Marienkäfer haben 2 kurze, am Ende verdickte Fühler.

Auf einen Blick

Arten: etwa 90 bis 100 Arten
in Mitteleuropa
Familie: Coccinellidae (Marienkäfer)
Ordnung: Coleoptera (Käfer)
Klasse: Insecta (Insekten)

2-Punkt-Marienkäfer

22-Punkt-Marienkäfer

7-Punkt-Marienkäfer

Augenmarienkäfer

★ Schon gewusst? ★

Entgegen einem alten Volksglauben entspricht die Zahl der
Punkte nicht dem Alter eines Marienkäfers. Sie zeigt vielmehr
an, zu welcher Art er gehört. Beim 7-Punkt-Marienkäfer zum
Beispiel bleibt die Punktanzahl sein ganzes einjähriges Leben
lang immer gleich.

Nützliche Räuber

Die meisten Marienkäferarten sind **Räuber**. Die erwachsenen Marienkäfer und ihre Larven fressen vor allem Blatt- und Schildläuse.

In seinem Leben verspeist ein Tier einige Tausend dieser gefürchteten Pflanzenschädlinge. Nur wenige Marienkäferarten leben vegetarisch, doch auch sie sind nützlich. Sie fressen nämlich Mehltau und andere schädliche Pilze.

Marienkäfer mit
Blattläusen

Leuchtend gelbe Eipakete

Bei der Paarung im Frühling klammert sich ein Marienkäferpärchen von einer halben Stunde bis zu 18 Stunden lang aneinander. Das Weibchen legt dann bis zu 400 leuchtend gelbe Eier an der Unterseite von Blättern ab, meist in mehreren dichten Klumpen von 10 bis 60 Stück. Es wählt dafür Blätter in der Nähe von Blattlauskolonien, damit die Larven ihr Futter leichter finden. Vom Larvenstadium an dauert es – je nach Temperatur und Futter – noch 30 bis 60 Tage und vier Häutungen, ehe der Marienkäfer fertig ist.

Blattläuse weisen den Weg

Marienkäfer findest du von Frühjahr bis Herbst überall da, wo es Blattläuse gibt, z. B. auf Holunder-, Rosen- oder Obstbaumblättern. Sie sind leicht zu fangen. Du kannst sie mit der Pinzette direkt von einem Blatt in deine Becherlupe schubsen. Fühlen Marienkäfer sich bedroht – also auch, wenn du sie in die Hand nimmst – sondern sie aus Drüsen in der Nähe der Beingelenke eine übel riechende und bitter schmeckende gelb-orange Flüssigkeit ab, die Vögel und andere Insekten vertreibt, für Menschen aber völlig ungefährlich ist. Oft lassen sie sich auch einfach fallen und stellen sich tot.

Tipp!

Beim Fressen zusehen

Leg ein von Blattläusen besiedeltes Blatt und ein paar Marienkäfer in die Becherlupe. Nach wenigen Minuten, sobald sich die Käfer eingewöhnt haben, werden sie mit dem Verspeisen der Läuse beginnen. Das geht ganz schön schnell! Durch die seitliche Lupe kannst du die Fresswerkzeuge der Käfer und ihre leuchtend schwarzen Augen an der Seite des Kopfes besonders gut erkennen.

Der Regenwurm

Gärtner lieben Regenwürmer, weil sie durch ihre rege Wühltätigkeit den Boden auflockern. Durch die Wohngänge der Tiere werden außerdem die Wurzeln der Pflanzen und nützliche Bodentierchen mit Sauerstoff versorgt. Hinzu kommt, dass ihre Ausscheidungen reich an Mineralien sind, die Pflanzen dringend zum Wachsen brauchen.

Seine Nützlichkeit hat dem Regenwurm sogar einen Orden eingebracht: den Titel »wirbelloses Tier des Jahres 2004«. Der Regenwurm baut seine Wohnröhren, indem er sein Vorderende ganz schlank macht und es wie einen Pfahl in das Erdreich bohrt. Dann pumpt er es mit Körperflüssigkeit auf und verbreitet so den Gang. Zum Schluss kleidet er den entstandenen Tunnel mit Schleim aus, dieser wird fest und verstärkt die Tunnelwand.

★ Schon gewusst? ★

Der Name des Regenwurms ist etwas irreführend. Früher nahm man an, dass er den Regen mag und deshalb aus seinem Erdloch kommt, sobald es stark regnet. Heute weiß man, dass er aus dem Boden kriecht, um nicht im ansteigenden Grundwasser zu ertrinken. Eine andere mögliche Erklärung für den Namen des fleißigen Gartenhelfers ist seine stetige Wühltätigkeit. Die hat man in Deutschland im 16. Jahrhundert entdeckt und ihm den Namen »reger Wurm« gegeben.

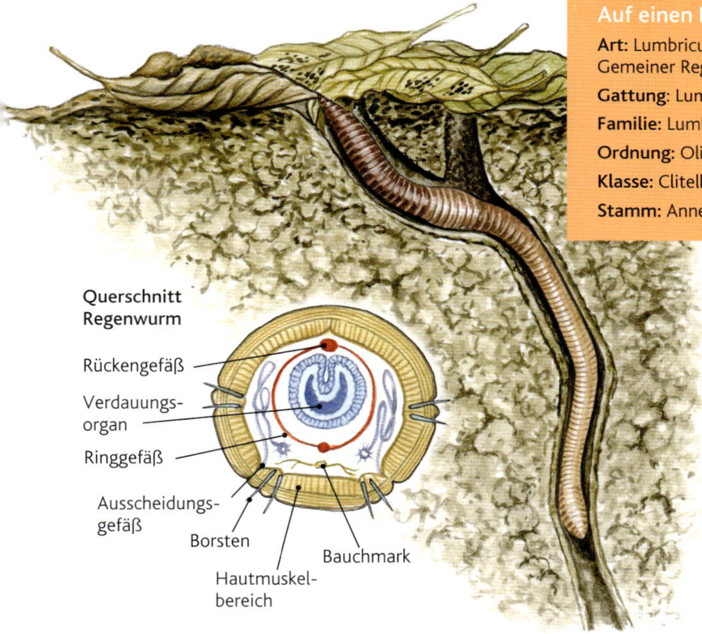
Querschnitt
Regenwurm
Rückengefäß
Verdauungs-
organ
Ringgefäß
Ausscheidungs-
gefäß
Borsten
Bauchmark
Hautmuskel-
bereich

Auf einen Blick

Art: Lumbricus terrestris (Tauwurm, Gemeiner Regenwurm)

Gattung: Lumbricus

Familie: Lumbricidae (Regenwürmer)

Ordnung: Oligochaeta (Wenigborster)

Klasse: Clitellata (Gürtelwürmer)

Stamm: Annelida (Ringelwürmer)

Typisch Regenwurm!

- Der Regenwurm ist zwischen 9 und – ganz ausgestreckt – 30 cm lang.
- Regenwürmer bestehen aus zahlreichen, tönnchenförmigen Segmenten. Im Laufe ihres Lebens werden es immer mehr, bis sie als ausgewachsene Tiere etwa 160 Segmente besitzen.
- Zur Fortbewegung besitzt der Regenwurm an jedem Körpersegment vier Paar kleine Borsten. Damit krallt er sich erst am Erdreich fest und schiebt sich dann vorwärts.
- Die Haut der Regenwürmer ist durch darin eingelagerte Farbteilchen rot gefärbt.
- Die durchschnittliche Lebenszeit eines Regenwurms beträgt 3 bis 8 Jahre, er kann aber auch bis zu 10 Jahre alt werden.

Eingeweide der Erde

Schon vor über 2000 Jahren hat der griechische Gelehrte Aristoteles erkannt: »Regenwürmer sind die Eingeweide der Erde.« Tatsächlich ziehen sie bei Nacht herabgefallene Blätter und andere Pflanzenteile in ihre Wohnröhre und lassen sie dort erst einmal ein wenig verrotten. Um die Nahrung greifen zu können, stülpen sie ihren Mund nach außen, sodass eine Art Saugnapf entsteht. Später fressen sie die Pflanzenreste mitsamt der daran haftenden Erde und scheiden beste Blumenerde aus.

Eine schleimige Angelegenheit

Regenwürmer besitzen sowohl männliche als auch weibliche Geschlechtsteile (Zwitter) und befruchten sich gegenseitig. Während der Paarung legen sie sich mit den Bauchseiten aneinander und heften sich mithilfe eines Schleimringes zusammen. Unter dem sogenannten Clitellum, einer gürtelartigen Verdickung ihres Körpers, sitzen die Geschlechtsorgane. Diese pressen sie aneinander und tauschen Spermapakete aus. Die befruchteten Eier werden in einem Kokon abgelegt. Nach 4 bis 5 Monaten schlüpfen die jungen Würmer, bei hohen Bodentemperaturen auch schon mal wesentlich eher.

★ Schon gewusst? ★

Manche Menschen behaupten, dass man die Anzahl der nützlichen Regenwürmer im Garten vermehren kann, indem man sie in viele kleine Stücke hackt. Das stimmt nicht! Zwar kann einem Regenwurm das Hinterende neu wachsen, wenn es abgetrennt wurde. Dazu müssen aber der Kopf und mindestens 40 Körpersegmente erhalten bleiben. Der hintere abgetrennte Teil überlebt nicht.

Nächtliche Wurmjagd

Die absolut spannendste Art, Regenwürmer zu fangen, ist die **nächtliche Pirsch mit der Taschenlampe**. Da Regenwürmer nachtaktiv sind, kommen sie erst mit Einbruch der Dunkelheit aus ihren Gängen, um auf Rasenflächen und Beeten Futter zu sammeln.

Aber Achtung: Du musst dich ganz langsam und vorsichtig anpirschen, weil die Würmer die Erschütterung des Bodens spüren und auch das Taschenlampenlicht bemerken. Wenn du es geschafft hast, dich einem von ihnen auf Armlänge zu nähern, greif blitzschnell zu. Oft hält er sich mit seinem verbreiterten Hinterende noch im Gang fest, um sich ruckartig zurückziehen zu können. Wenn du nur sein Vorderende erwischt hast, musst du es einfach so lange ruhig festhalten, bis der Wurm aufgibt. Hast du mit dieser Methode keinen Erfolg, kannst du auch nach einem langen, starken Regen auf Gehwegen oder beim Umgraben direkt in der Erde nach Würmern suchen. Oft findet man die Tierchen auch unter Steinen oder morschem Holz.

Gartenhelfer bei der Arbeit

Sammle einige Regenwürmer und setze sie mit etwas feuchter Gartenerde und vielen Blättern in die große Becherlupe oder ein möglichst großes Glas mit Deckel, in den du einige Luftlöcher bohrst. Stell das Ganze für ein paar Tage an einen kühlen, dunklen Ort. Wenn sich die Würmer eingewöhnt haben, fangen sie an, Gänge in die Erde zu bohren. Diese kannst du an den Wänden des Gefäßes genau betrachten. Außerdem kannst du beobachten, wie die Regenwürmer Blätter in ihre Gänge hineinziehen. Wenn du dir die Tierchen durch die Lupe ansiehst, erkennst du ihre Segmentierung, das Clitellum und die kleinen Borsten, mit denen sie sich fortbewegen. Fülle von Zeit zu Zeit etwas Futter (Pflanzenteile, alte Blätter) nach und kontrolliere, ob die Erde feucht genug ist.

Die Gehäuseschnecke

Schnecken besiedeln die Erde schon seit mindestens 550 Millionen Jahren. Heute kommen sie auf dem Land, im Meer und im Süßwasser vor. Viele von ihnen, wie die bei uns häufige, gelb-braun gebänderte und bis zu 3 cm große Schnirkelschnecke, besitzen eine feste Schale, das sogenannte Schneckenhaus. Darin können sie ihren weichen Körper bei Gefahr oder Trockenheit zurückziehen. Im Inneren windet sich das Schneckenhaus wie eine Wendeltreppe um eine Mittelachse, die sogenannte Spindel. Die Richtung dieser Windung ist für die jeweilige Schneckenart typisch. Die meisten Landschnecken haben im Gegensatz zu den wasserlebenden Schneckenarten eine Lunge aus der ursprünglichen Kieme entwickelt. Manche dieser lungenatmenden Landschnecken – wie auch die bei Feinschmeckern beliebte Weinbergschnecke – tragen ein Gehäuse mit sich herum. Landschnecken ohne Häuschen bezeichnet man übrigens als Nacktschnecken.

Typisch Gehäuseschnecke!

★ Der weiche, knochenlose Körper der Gehäuseschnecken hat sich den Windungen der Schale angepasst. Er besteht zum größten Teil aus dem muskulösen Fuß und einem im Gehäuse verborgenen Eingeweidesack.

★ Das Schneckenhaus bildet sich bereits bei der Entwicklung im Ei. Das kannst du deutlich erkennen, wenn du einmal ein Schneckengelege entdeckst und es durch die Lupe betrachtest.

★ Gehäuseschnecken tragen am Kopf ein bis zwei Paar einziehbare Fühler. An der Spitze des längeren Fühlerpaares sitzen Augen.

★ Wie alle Landschnecken laufen auch Gehäuseschnecken mithilfe ihres muskulösen Fußes. Kleine Arten haben darunter Wimpern, die beim Kriechen helfen. Größere Arten wie die Weinbergschnecke sondern Schleim ab, auf dem sie vorwärts gleiten.

Auf einen Blick

Arten: einige Hundert Arten in Mitteleuropa

Ordnung: Stylommatophora (Landlungenschnecken)

Unterklasse: Pulmonata (Lungenschnecken)

Klasse: Gastropoda (Schnecken)

Stamm: Mollusca (Weichtiere)

Weinbergschnecke

Was ist Schneckentempo?

Tipp!

Setze eine Weinberg- oder Schnirkelschnecke auf eine möglichst ebene und glatte Fläche in einen deutlich markierten Startkreis, der etwa die Größe der Schnecke hat. Nach ein paar Minuten der Eingewöhnung wird sie anfangen, sich vorwärts zu bewegen. Gib ihr genau eine Minute Zeit und miss danach die zurückgelegte Strecke. Ist deine Schnecke in Kurven gekrochen, die sich mit dem Lineal nicht ausmessen lassen? Kein Problem! Nimm einfach einen Bindfaden, lege ihn entlang der von der Schnecke hinterlassenen Schleimspur und miss dann die Länge des gestreckten Fadens ab. Wie viele Zentimeter pro Minute hat die Schnecke geschafft?

Nur nicht zu frisch

Schnecken fressen alle Arten von Grünzeug. Sie werden daher von Gärtnern oft als Schädlinge betrachtet und bekämpft. Für Nacktschnecken mag das gelten, nicht aber für Gehäuseschnecken, die lieber Algen, Pilze und welke Pflanzen als frisches Grün mögen. Sie fressen gegen Abend und in der Nacht, am liebsten bei eher kühler und feuchter Witterung. Schnecken besitzen keine Zähne, sondern eine raue Zunge, mit der sie ihre Nahrung abraspeln.

Heute Weibchen, morgen Männchen

Die bei uns vorkommenden Land-Gehäuseschnecken sind Zwitter. Sobald sich also z. B. zwei Weinbergschnecken begegnen und sich mögen, können sie miteinander Nachwuchs bekommen. Sie müssen sich nur einigen, welches der Tiere sich als Weibchen und welches sich als Männchen verhält. Nach der Paarung vergräbt das Weibchen die Eier in der Erde. Die Jungen schlüpfen nach 2 bis 6 Wochen. Sie haben bereits ein fertiges, aber noch sehr weiches und durchsichtiges Schneckenhaus.

Sie mögen es feucht

Schnecken einzufangen ist leicht – aber man muss sie erst einmal finden! Tagsüber verkriechen sich die kleinen Schleimer gern in kühlen, feuchten Ecken. Du triffst sie im Garten z. B. an schattigen Plätzen in der Nähe des Kompostes, an oder unter alten Brettern oder an den Wänden von Kellertreppen. In ihr Häuschen zurückgezogen, kleben sie dort mithilfe einer getrockneten Schleimschicht fest. Wenn es geregnet hat, oder an feuchten Abenden kriechen sie manchmal in großen Mengen auf dem Rasen oder auf Wegen umher.

★ **Schon gewusst?** ★

Schnecken besitzen einen hervorragenden Orientierungssinn und finden – ähnlich wie Katzen – sogar aus großer Entfernung nach Hause zurück. Du rettest deinen Salat also nicht, wenn du die Schnecken in den Garten deines Nachbarn schubst.

Tipp!

Schneckenfutter selbst gemacht

Dieser Versuch benötigt etwas Vorbereitungszeit. Du brauchst dafür eine durchsichtige Glas- oder Plexiglasscheibe (z. B. von einem alten Bilderrahmen) und einen Eimer. Die Glasscheibe darf nicht größer als der Durchmesser des Eimers sein. Fülle zunächst den Eimer mit Wasser und stell ihn in den Garten oder auf den Balkon, auf jeden Fall sollte er aber an einem hellen Ort stehen. Nun musst du die Glasscheibe senkrecht in den Eimer hineinstellen. Trage dabei Handschuhe oder bitte einen Erwachsenen um Hilfe, denn Glasscheiben können scharfe Kanten haben. Nach ein paar Tagen wachsen Algen auf der Scheibe. Entferne sie auf einer Seite mit einem Tuch. Setze dann auf die andere, algenbewachsene Seite eine Gehäuseschnecke. Nach wenigen Minuten wird das Tier beginnen, die Algen abzuraspeln, und dabei eine Spur in den Algenteppich futtern. Wenn du die Glasscheibe schräg hinstellst, kannst du von unten durch die Lupe sehen, wie die Raspelzunge der Schnecke funktioniert. Keine Angst, die Schnecke fällt nicht hinunter, sie kann sich an der Scheibe sogar festhalten, wenn du sie kopfüber hältst.

Glasscheibe

Algenteppich

raue Zunge

★ **Schon gewusst?** ★

Der Waldrand ist stets am artenreichsten. Hier gehen zwei Lebensräume ineinander über, zwischen denen manche Tiere pendeln. Zwar findet man die einzelnen Arten am Waldrand nicht in so großen Mengen wie im Wald selbst, aber die Zahl der vorkommenden Arten – also die Artenvielfalt – ist besonders groß.

Lebensraum Wald

Wälder sind wichtig für unsere Umwelt. Bäume produzieren – wie alle grünen Pflanzen – Sauerstoff. Außerdem sind sie ausgezeichnete und kostenlose Luft-, Wasser- und Lärmfilter und natürlich Holzproduzenten. Die tief in den Boden reichenden, weit verzweigten Wurzeln der Bäume verhindern das Absinken des Grundwassers und die Bildung von Schlamm- und Gerölllawinen besonders im Gebirge. Der Wald ist ein spannender Lebensraum und beherbergt zahlreiche Pflanzen und Tiere, die hier ihre Nahrung finden. Man unterscheidet grundsätzlich zwischen drei Waldformen: Nadelwald, Laubwald und Mischwald. Darin findest du alle auf den folgenden Seiten genannten Tiere, die du mithilfe deiner Becherlupe genau studieren kannst.

Der Nadelwald

Nadelwälder sind bei Pilzsammlern beliebt. Hier finden sie schmackhafte Speisepilze wie den Maronenröhrling, den Pfifferling und den Steinpilz. Dichte Nadelwälder, die meist aus Fichten oder Tannen bestehen, wirken oft dunkel und unheimlich. Da hier wenig Licht bis an den Erdboden dringt und die abgestorbenen Nadeln sogenannte Huminsäuren absondern, gibt es in diesen Wäldern kaum Bodenbewuchs. Die herabgefallenen Nadeln werden von der Roten Waldameise (siehe S. 50) zu beeindruckenden Hügeln aufgeschichtet, in und unter denen sich ihr Nest verbirgt.

In lichten Nadelwäldern wächst eine Vielzahl unterschiedlicher Gräser und Büsche, zwischen denen im Sommer die Kreuzspinnen (siehe S. 46) ihre Netze spannen. Darin verfangen sich jede Menge fliegender Plagegeister wie die Stechmücke. Übrigens saugen nur weibliche Mücken unser Blut, die Männchen ernähren sich von Pflanzensäften und Nektar. Die Weibchen brauchen das Eiweiß aus dem Blut von Wirbeltieren, um ihre Eier produzieren zu können. Nur diejenigen Mückenweibchen, die innerhalb von drei Tagen nach dem Schlupf Blut ergattern, können sich auch fortpflanzen. Ihre Larven entwickeln sich im Wasser, hierfür genügen ihnen auch kleinste Pfützen oder Miniteiche in Astlöchern.

Der Laubwald

Laubwälder üben gerade im Herbst, wenn sich die Blätter leuchtend bunt färben, eine große Anziehungskraft auf Mensch und Tier aus. Eichhörnchen, Wildschwein, Maus und Reh finden hier Bucheckern, Eicheln, Kastanien und die vielen verschiedenen Pilze der Laubwälder: eine wichtige und nahrhafte Futterquelle, um den langen, kargen Winter zu überstehen. Auch viele Insekten halten sich besonders gern in Laubwäldern auf. Wenn du Maikäfer beobachten möchtest, dann am besten hier! Ihre Larven, die Engerlinge, leben bis zu vier Jahre im Boden, bis sie sich verpuppen und zum fertigen Fluginsekt werden. Während ihrer Entwicklung fressen sie auch Baumwurzeln, was bei einem Massenauftreten zum Absterben einzelner Bäume führen kann.

★ Schon gewusst? ★

Buchen- und Eichenwälder würden heute große Teile Mitteleuropas bedecken, hätte der Mensch sie nicht gerodet, um Platz für Weiden und Felder zu schaffen. Deshalb gibt es bei uns kaum noch richtige Urwälder, in denen nie Bäume gefällt wurden. Die meisten heutigen Wälder sind aus Schonungen entstanden, also von Menschen angepflanzt worden, um sie zur Holzgewinnung zu nutzen. Dank der Aufforstung besonders im letzten Jahrhundert sind derzeit etwa 32 % der Fläche Deutschlands mit Wäldern bedeckt. Nur ein Teil davon ist in Nationalparks geschützt. In deren Kernzonen dürfen keine Bäume gefällt werden.

Maikäfer

Der Mischwald

Mischwälder bestehen aus einem bunten Gemisch aus Nadel- und Laubbäumen. Sie bieten für deine Entdeckertour die vielfältigsten Möglichkeiten, weil hier Tiere aus beiden Waldformen leben. Sie sind in unserer heutigen Landschaft leider recht selten, da sie weniger einfach zu bearbeiten sind als Wälder mit nur einer Baumart. Mischwälder sind am besten gegen Schädlinge wie Borkenkäfer gewappnet, da diese meist auf bestimmte Baumarten spezialisiert sind und sich in gemischten Baumbeständen nicht so leicht aus-breiten können. Borkenkäfer können großen Schaden anrichten. Die Larven der eher unscheinbaren Käfer mit so interessanten Namen wie Buchdrucker oder Kupferstecher fressen Gänge unter der Baumrinde, die arttypische, teils sehr hübsche Muster auf dem Holz hinterlassen. Unter der Rinde liegen aber die saftigen, wasserführenden Lebensadern der Bäume. Wenn diese zerstört werden, sterben die Bäume ab.

Drei Etagen

Der Wald lässt sich von unten nach oben in drei Etagen einteilen: Boden-
bereich mit Unterholz, Strauch- und Stammbereich und Kronenbereich
oder Kronendach. Auf jeder Etage leben speziell angepasste Tiere.

Der Waldboden

Auf und im Boden finden sich neben einigen Säugetier-
arten viele sogenannte Kompostierer wie die Kellerassel und der Tausendfüßer (siehe S. 54), die sich
von abgestorbenen Pflanzenteilen wie Blättern ernähren. Dabei zersetzen sie diese so weit, dass
frischer Humus – so nennt man die fruchtbare
obere Erdschicht – entsteht und die darin enthaltenen Nährstoffe wieder frei werden und von den
Pflanzen genutzt werden können. Auch Hundertfüßer sind auf dem Waldboden heimisch. Obwohl
sie einen ähnlichen Namen wie die Tausendfüßer
haben und im gleichen Lebensraum vorkommen, unterscheiden sie sich doch sehr von diesen. Der Körper der Hundertfüßer
ist deutlich flacher, sie laufen schneller und leben räuberisch. Sie besitzen
große, mit Giftdrüsen bewehrte Klauen. Mit denen ergreifen und töten sie
ihre Opfer – Würmer, Insekten, Spinnentiere und auch die sich vegetarisch
ernährenden Tausendfüßer.

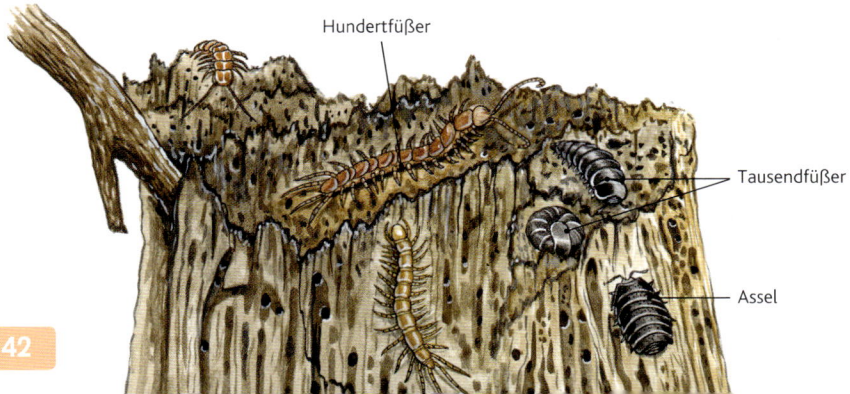

Hundertfüßer

Tausendfüßer

Assel

Was lebt denn da?

Tipp!

Fülle etwas Walderde – etwa einen Kubikdezimeter (=10 x 10 x 10 cm) – in die große Becherlupe oder in eine kleine Schüssel. Stelle das kleine Terrarium in die Sonne oder beleuchte es mit einer Lampe. Du wirst dich wundern, wie viele verschiedene kleine und größere Tiere schon nach ein paar Minuten aus der Erde herauskrabbeln. Hast du eine Idee, wie viele sich in einem Kubikdezimeter Waldboden verstecken? Vielleicht 100? Oder gar 1.000? Wenn man alle mitzählt, auch die ganz kleinen, nur unter mehrfacher Vergrößerung sichtbaren, dann kommt man auf die unvorstellbare Zahl von einer Milliarde Tieren – das ist eine 1 mit 9 Nullen! Aber auch von den unter der Lupe sichtbaren Krabblern gibt es in deinem Stück Waldboden immerhin etwa 2.000. Vielleicht kannst du darunter ja einige der oben beschriebenen Tiere entdecken.

Der Stammbereich

Die mittlere Etage des Waldes beherbergt einige Tierarten, die sich vom Holz der Bäume ernähren, wie die Holzwespen bzw. deren Larven. Diese Wespen wirken wegen ihrer Größe von bis zu 4 cm, wegen des ebenso langen Legebohrers und ihrer an Hornissen erinnernden schwarz-gelben Färbung sehr bedrohlich. Sie besitzen jedoch keinen Giftstachel und sind daher für den Menschen ungefährlich. Allerdings können sie unsere Wälder schädigen: Sie legen ihre Eier in das Holz gesunder Nadelbäume, wo die Larven durch ihre Fraßgänge die Nährstoffversorgung unterbrechen und ganze Bäume zum Absterben bringen können.

Holzwespe

Andere Tiere wie die Nachtfalter nutzen die Baumrinde als Schutz und Wohnraum. So lebt der Lindenschwärmer, ein großer, schöner, nachtaktiver Schmetterling, dessen leuchtend grüne Raupe auch als Lindwurm bezeichnet wird, am Tage geschützt in Spalten der Lindenrinde. Lindenschwärmer fressen als erwachsene Tiere nicht mehr, ihr einziges Lebensziel ist die Fortpflanzung.

Lindenschwärmer

43

Auf Sträuchern wie der Haselnuss, die nicht höher wachsen als der Stammbereich der Bäume, krabbelt der Rüsselkäfer herum. Er ist nahe mit dem Borkenkäfer verwandt und bildet mit weltweit 60.000 bekannten Arten die artenreichste Familie aller auf der Erde lebenden Tiere. Rüsselkäfer sind mit höchstens 2,2 cm Körperlänge eher kleine Käfer. Ihren Namen verdanken sie ihrem Rüssel, der fast ebenso lang werden kann wie sie selbst. Sie ernähren sich von Pflanzen, indem sie den Rüssel in diese hineinbohren und den Pflanzensaft aufsaugen. So können sie z. B. in Gärten großen Schaden anrichten. Sie werden allerdings auch gezielt zur biologischen Unkrautvernichtung eingesetzt.

Rüsselkäfer

Tipp!

Jahresringe

Das Alter eines Baumes kann man genau bestimmen. Suche einen Stapel gefällter Bäume an einem Waldweg und wähle dir einen dicken Stamm davon aus. Schätze zunächst einmal, wie alt der Baum wohl geworden ist. Dann sieh dir die Schnittfläche am dicken Ende des Stammes genau an. Du wirst sehen, dass sie nicht einheitlich gefärbt ist, sondern aus einer großen Zahl mal dunklerer und mal hellerer schmaler Ringe besteht. Zähl nun die dunkler gefärbten Ringe. Das Ergebnis ist das genaue Alter des Baumes, deshalb spricht man auch von Jahresringen. Sie entstehen, weil Bäume im Winter langsamer wachsen und kleinere neue Zellen aufbauen als im Sommer, wenn die Bäume schnell in die Breite wachsen. Die sommerlichen Wachstumsringe sehen durch die größeren, dünnwandigeren Zellen heller aus als die winterlichen mit ihren kleinen, dickwandigen Zellen. Die innen, also im Zentrum des Stammes liegenden Ringe stammen aus der Jugendzeit des Baumes, die äußeren aus den letzten Jahren vor dem Fällen.

Das Kronendach

Blattläuse

Im Kronendach der Bäume finden sich vor allem Vögel und fliegende Insekten wie die Florfliege (siehe S. 58), die Gallwespe (siehe S. 62), der Maikäfer und die bei Gärtnern äußerst unbeliebte Blattlaus. Dabei ist Blattlaus nicht gleich Blattlaus: Allein in Mitteleuropa gibt es etwa 850 Arten. Alle saugen mithilfe ihres Stechrüssels Pflanzensäfte und können Viren und Pilze übertragen, was sie zu echten Schädlingen macht. Andererseits sind sie für sehr viele Raubinsekten und deren Larven sowie einige Ameisenarten als Nahrungsgrundlage unersetzlich. Die meisten Blattlausarten haben geflügelte und ungeflügelte Generationen innerhalb eines Sommers. Die nicht fliegenden Tiere sind nur dazu da, sich schnell zu vermehren, die flugfähigen Tiere breiten sich anschließend überallhin aus. Ausgesprochen nützliche Tiere sind die unter der Rinde abgestorbener Bäume oder in morschen Zweigen lebenden Ohrenkneifer. In Obstgärten verstecken sie sich gern in eingerollten Blättern der Bäume.

Sie fressen neben Blattläusen auch kleine Schmetterlingsarten wie den Apfelwickler, deren Raupen wir sonst als »Würmer« im Obst finden würden. In der Antike wurden Ohrenkneifer pulverisiert und gegen Ohrenkrankheiten eingesetzt, daher kommt vermutlich ihr Name. Mit den Zangen am Hinterende können sie sich zwar verteidigen, sie durchdringen die menschliche Haut aber nicht.

Ohrenkneifer

★ Schon gewusst? ★

Raubinsekten wie die Florfliege werden selbst zur Beute anderer Tiere wie z. B. der Spinnen. Die Larven der Gallwespen werden von räuberischen Wespenlarven gefressen, und manchmal werden diese auch wieder Opfer einer anderen Wespenart. Igel und Spitzmäuse fressen Insekten, Würmer, Schnecken und Spinnentiere, doch müssen sie sich selbst vor Mardern und Füchsen in Acht nehmen. Diese Abfolge von Fressen und Gefressenwerden bezeichnet man auch als Nahrungskette.

Die Kreuzspinne

»Iiiih! Eine riesige Spinne! Hilfe!« – Warum
fürchten sich nur so viele Menschen vor Spinnen? Meist sind die achtbeinigen Tierchen
doch völlig harmlos. Einige wenige tödliche
Giftspinnen leben in südlichen Ländern, aber
nicht bei uns. Und auch wenn sie mit ihrem
weißen Kreuz auf dem Hinterleib ziemlich
unheimlich aussehen: Kreuzspinnen sind für den
Menschen völlig ungefährlich.

Es gibt in Deutschland 10 Kreuzspinnenarten
mit so klangvollen Namen wie Marmorierte
Kreuzspinne oder Vierfleckkreuzspinne. Die
bekannteste, bei uns am häufigsten vorkommende ist die Gartenkreuzspinne. Vor allem im
Spätsommer und Herbst findest du sie in lichten
Wäldern, an Waldwegen und am Waldrand, wo
sie ihre typischen kreisrunden Netze zum Beutefang spinnt.

★ **Schon gewusst?** ★

Für den Menschen stellt der Biss einer Kreuzspinne keine
Gefahr dar. Denn sie schafft es meist gar nicht, mit ihren
Giftzähnen die dicke menschliche Haut durchzubeißen. Nur
bei dünner Kinderhaut und bei Allergikern kann es manchmal zu Reizungen an der Bissstelle kommen, ähnlich etwa
einem Bremsenstich.

Typisch Kreuzspinne!

★ Die männliche Gartenkreuzspinne hat nur eine Größe von 0,5 bis 1 cm. Neben der geringeren Größe erkennt man die Männchen an ihren Pedipalpen, das sind paarige Begattungsorgane, die ungefähr wie Boxhandschuhe aussehen und direkt hinter den Giftklauen liegen.

★ Wie häufig bei Spinnen ist das Weibchen der Gartenkreuzspinne größer: Es misst 1,5 bis 2 cm. Das Weibchen der ebenfalls nicht seltenen Vierfleckkreuzspinne kann sogar bis 2,2 cm groß werden. Mit 1,5 Gramm ist es die schwerste bei uns vorkommende Spinne.

★ Die Gartenkreuzspinne ist gelb bis bräunlich gefärbt, manchmal auch fast schwarz. Die Vierfleckkreuzspinne kann auch rötlich sein.

★ Ihren Namen verdankt die Kreuzspinne dem weißen Kreuz auf dem Hinterleib. Bei der Gartenkreuzspinne setzt sich das Kreuz aus 5 Flecken zusammen: 4 länglichen und einem runden in der Mitte. Bei der Vierfleckkreuzspinne besteht es – wie der Name schon sagt – nur aus 4 Flecken.

★ Kreuzspinnen besitzen wie alle Radnetzspinnen 8 Augen.

Bei Paarung Lebensgefahr

Im Spätsommer ist Paarungszeit: eine lebensgefährliche Angelegenheit für das Kreuzspinnen-Männchen! Damit es nicht von dem größeren Weibchen gefressen wird, hält es sich an einem Sicherheitsfaden fest, an dem es schnell flüchten kann. Nach der Paarung legt die weibliche Kreuzspinne ihre Eier in gelben Kokons ab, die sie mit Rindenstückchen und Schmutz tarnt. Wenig später stirbt sie. Die Spinnenbabys schlüpfen im darauf folgenden Frühjahr. Sie sind noch winzig und müssen sich beim Heranwachsen mehrfach häuten.

Kreuzspinne
lauert auf Beute

Gefangen im Netz

Die Kreuzspinne ernährt sich von Insekten wie Fliegen oder Heuschrecken. Zum Beutefang benutzt sie ihr großes, kreisrundes Netz. Darin sitzt sie auf der Lauer – je nach Art in der Mitte, am Rand oder in einem Versteck mit Verbindung zum Netz –, bis sich ein Tier in den klebrigen Seidenfäden verfängt und zu zappeln beginnt.

Von den Schwingungen des Netzes angelockt, eilt sie blitzschnell herbei, lähmt die Beute mit einem Biss ihrer vorn am Kopf sitzenden Giftklauen und spritzt Verdauungssäfte hinein. Dadurch löst sich das Beutetier auf und die Spinne kann den Nahrungsbrei aufsaugen. Bevor sie ihre Beute verspeist, wickelt sie sie mit Spinnfäden ein. Manches Insekt dient dann als Vorrat für später. Die Größe des Netzes wie auch der darin gefangenen Insekten nimmt mit Alter und Größe der Spinne zu.

Vom Netz in den Becher

Kreuzspinnen findest du am besten frühmorgens. Dann glitzern ihre Netze wunderschön durch Tautropfen und sind so besonders gut sichtbar. Und die Spinne selbst? Wo sitzt sie, in der Mitte oder am Rand auf der Lauer? Ist sie womöglich noch dabei, das Netz zu bauen? Oder hat sich vielleicht schon ein Beutetier darin verfangen? Studiere erst ein wenig die Spinne und ihr Netz – mit bloßem Auge oder durch den Lupendeckel –, ehe du die sie vorsichtig mit der Pinzette in den Becher schubst. Dann schnell den Deckel drauf!

Unrasierte Beine

Tipp!

Schau dir deinen Fang genauer an. Zwischen den Tastern am Kopf kannst du die Giftklauen mit den Giftdrüsen sehen. Direkt hinter den Giftklauen liegen die Pedipalpen der Männchen. Auch die vier unterschiedlich großen Augenpaare sowie die Spinndrüsen in den Spinnwarzen am Hinterleib sind durch die Lupe gut zu erkennen. Und dass die Kreuzspinne ziemlich viele Haare auf ihren langen Beinen hat, kann sie jetzt auch nicht mehr vor dir verbergen. Hast du alles gesehen, halte die Becherlupe nach ein paar Minuten wieder an das Spinnennetz. Nimm den Deckel ab und entlass die Spinne in die Freiheit.

★ Schon gewusst? ★

Mit ihren Spinndrüsen, die in den Spinnwarzen am Hinterleib sitzen, stellt die Kreuzspinne Seidenfäden zum Netzbau her. Zuerst zieht sie ein paar Rahmenfäden, dazwischen legt sie die Speichenfäden an. Dann spinnt sie die Mitte des Netzes, die Nabe. Von dort aus läuft sie spiralförmig nach außen, um zunächst eine Hilfsspirale einzubauen. Erst dann legt sie die eigentliche Fangspirale aus klebrigen Fäden in das Netz und frisst die Hilfsspirale wieder auf. Wegen dieses kunstvollen Aufbaus aus Speichen und kreisrund gelegten Fäden nennt man das Netz der Kreuzspinne Radnetz. Jeden Morgen baut sie es neu und verspeist vorher die Reste des alten Netzes.

Die Rote Waldameise

Ameisen bilden Staaten, weil sie einzeln nicht überleben können. Im Ameisenstaat herrscht eine klare Aufgabenteilung: Die meisten Tiere sind Arbeiterinnen, die Futter sammeln, die Brut betreuen und das Nest sauber halten. Sie werden von den Soldatinnen bewacht und kümmern sich nebenbei darum, dass die Königinnen versorgt sind. Diese haben nichts weiter zu tun, als ihr Leben lang – das bis zu 20 Jahre dauern kann – pausenlos Eier zu legen. Alle Angehörigen so eines Ameisenstaates sind Weibchen, doch nur die Königinnen können sich fortpflanzen. In einem Ameisennest können zwischen 100.000 und 2 Millionen Tiere leben. Die Rote Waldameise ist unter den weltweit ca. 15.000 Ameisenarten eine der am weitesten verbreiteten. Sie kommt in Europa, Nordasien und Nordamerika vor.

Typisch Rote Waldameise!

★ Arbeiterinnen und Soldatinnen der Roten Waldameise werden 5 bis 8 mm, Männchen und Königinnen 9 bis 11 mm lang.

★ Kopf und Hinterleib sind schwarz, der Brustbereich, die Mundwerkzeuge und Beine sind rotbraun gefärbt.

★ Ameisen tragen am Kopf mehrgliedrige Antennen zum Riechen, Schmecken und Wahrnehmen von Feuchtigkeit.

★ Neben zwei großen Komplexaugen besitzen Männchen und Königinnen mehrere kleine Nebenaugen.

★ Außer den Männchen und den zukünftigen Königinnen sind alle Ameisen ungeflügelt.

★ Die Rote Waldameise lebt in riesigen Bauten aus Baumnadeln, kleinen Zweigen und anderen Pflanzenteilen. Diese Haufen können 2 Meter über den Erdboden ragen, ihre Gänge und Wohnhöhlen liegen manchmal über 2 Meter tief unter der Erde und breiten sich im Umkreis von 5 Metern aus.

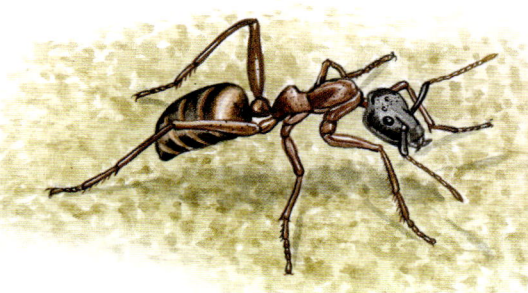

Auf einen Blick

Art: Formica rufa
Gattung: Formica (Waldameisen)
Familie: Formicidae (Ameisen)
Ordnung: Hymenoptera (Hautflügler)
Klasse: Insecta (Insekten)

»Wir putzen den Wald!«

Rote Waldameisen ernähren sich hauptsächlich von Insekten und deren Larven. Sie können das 60fache ihres eigenen Gewichts tragen und zu mehreren auch sehr große Beute wie z. B. Heuschrecken, Käfer und größere Raupen überwältigen. Für den Förster sind sie sehr nützliche Gehilfen, da ein einziger Waldameisenstaat bis zu 100.000 Insekten und deren Larven pro Tag fressen kann. Sie verhindern so die Massenvermehrung schädlicher Waldinsekten.
Da sie auch nahrhafte Pflanzensamen fressen, helfen sie durch ihre rege Sammeltätigkeit bei der Ausbreitung von zum Teil seltenen Pflanzenarten. Das Waldveilchen produziert extra leckere Hüllen für seine Samen, sogenannte »Ameisenbrötchen«.

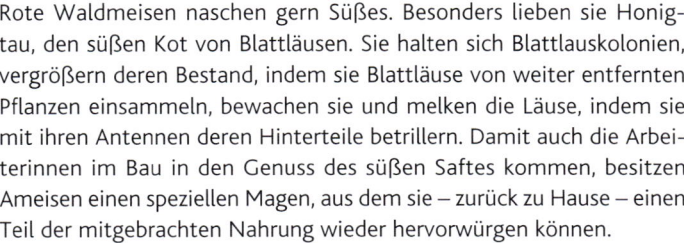

★ Schon gewusst? ★

Rote Waldmeisen naschen gern Süßes. Besonders lieben sie Honigtau, den süßen Kot von Blattläusen. Sie halten sich Blattlauskolonien, vergrößern deren Bestand, indem sie Blattläuse von weiter entfernten Pflanzen einsammeln, bewachen sie und melken die Läuse, indem sie mit ihren Antennen deren Hinterteile betrillern. Damit auch die Arbeiterinnen im Bau in den Genuss des süßen Saftes kommen, besitzen Ameisen einen speziellen Magen, aus dem sie – zurück zu Hause – einen Teil der mitgebrachten Nahrung wieder hervorwürgen können.

Mit Vorsicht zu genießen

Aufgrund ihrer Nützlichkeit und ihrer Bedeutung als Winterfutter für seltene Vogelarten wie den Schwarzspecht stehen die Rote Waldameise und ihre Bauten in Deutschland unter besonderem Schutz. Dennoch darf man sich den Nestern nähern, wenn man sie nicht beschädigt. Es ist auch erlaubt, einzelne Tiere für kurze Zeit einzufangen. Das machst du am besten mit der Pinzette, denn die Ameisen wehren sich durch Beißen und das Verspritzen von Ameisensäure. Der Biss der Roten Waldameise ist zwar unangenehm, aber nicht weiter schlimm. Die verspritzte Säure kann jedoch ordentlich auf der Haut oder in den Augen brennen.

Hochzeit im Flug

Im März legt jede Königin einige Hundert besonders große Eier. Daraus schlüpfen Männchen, die sogenannten Drohnen, und neue Königinnen. Diese auch als Geschlechtstiere bezeichneten Ameisen besitzen Flügel und schwärmen an schwülwarmen Abenden im Mai oder Juni zum Hochzeitsflug aus. Kurz nach der Paarung verlieren die begatteten Königinnen ihre Flügel und bilden neue Staaten oder kehren in den eigenen Bau zurück und beginnen mit dem Eierlegen. Die Männchen werden nicht mehr gebraucht und verlieren neben den Flügeln auch ihr Leben.

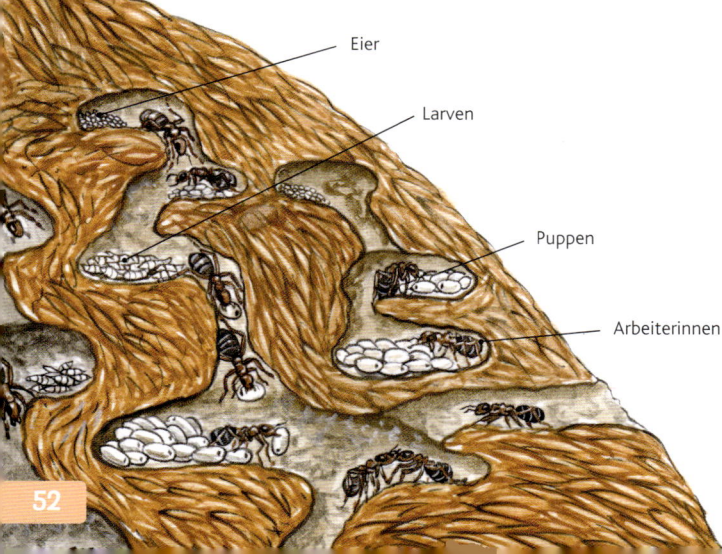

Eier

Larven

Puppen

Arbeiterinnen

Ameisen benutzen Duftstoffe, sogenannte Pheromone, um sich untereinander zu erkennen und um ihre Wege, die Ameisenstraßen, zu markieren. Sie folgen diesem Duft z. B. zu den Futterplätzen ihrer Blattlausherden oder zu anderen ergiebigen Nahrungsquellen. Wird die Duftmarkierung vom Regen weggewaschen, kann es passieren, dass die Ameisen ihre Straße nicht wieder finden und immer im Kreis hintereinander herlaufen.

Tipp!

Besuch am Ameisenhaufen

Das Gewimmel eines Ameisenhaufens lässt sich am besten im Sommer und bei schönem Wetter beobachten. Wenn du dich dem Nest näherst, kannst du durch den Lupendeckel erkennen, wie einzelne Tiere ihren Hinterleib unter den Bauch nach vorn richten, um Ameisensäure zu verspritzen. Die ausgeschiedene Säure lagert sich als feuchter Beschlag auf der Lupe ab. Wenn du ganz still bist, hörst du, wie es in dem Nest herumtrappelt. Das sind die Geräusche von Millionen kleiner Ameisenfüße. Mit etwas Glück findest du auf den Pflanzen in der Umgebung des Ameisenhaufens Blattläuse und kannst die Waldameisen beim Läusemelken beobachten.

Ameisen versprühen bei Gefahr Ameisensäure.

Der Tausendfüßer

Tausend Füße? Das ist glatt gelogen! Eine tropische Art der wendigen Krabbeltierchen bringt es zwar immerhin auf insgesamt 680 Beine mit ebenso vielen Füßchen. Aber einheimische Arten haben nur um die 100 Beine. Die bei uns häufig vorkommenden, typischen Tausendfüßer gehören zu den Schnurfüßern. Sie haben einen wurmförmigen Körper – in der Biologen-Fachsprache auch »drehrund« genannt. Dieser besteht aus zahlreichen gleichartigen Körperringen oder Segmenten. An jedem dieser gepanzerten Ringe sitzen zwei Beinpaare. So kann man sie gut von den Hundertfüßern unterscheiden, die an jedem Segment nur ein Beinpaar haben. Tausendfüßer sind auf dem feuchten Waldboden zu Hause. Einige von ihnen krabbeln schon seit 400 Millionen Jahren über unseren Planeten.

Typisch Tausendfüßer!

★ Die in Mitteleuropa heimischen Tausendfüßer können 0,5 bis 5 cm lang werden.

★ Je nach Art besteht ihr Körper aus unterschiedlich vielen gepanzerten Segmenten mit je zwei Beinpaaren, die sich beim Laufen wellenförmig bewegen.

★ Der schwarze Schnurfüßer hat einen drehrunden Körper mit mindestens 40 Ringen. Neben mehreren schwarz gefärbten gibt es bei uns auch braune und eine kleine, leuchtend orange gefärbte Art.

★ Am stark gewölbten Kopf sitzen die Mundwerkzeuge, zwei meist wenig entwickelte Augen und ein Paar kleine Fühler, mit deren Hilfe sie ihre Nahrung aufspüren.

★ Tausendfüßer besitzen – wie die Insekten – Tracheen zum Atmen. Das sind winzige Röhrchen, die vom Körperpanzer ins Innere führen und so den ganzen Körper mit Luft versorgen.

Auf einen Blick

Arten: über 50 Arten in Mitteleuropa
Familie: Julidae (Schnurfüßer)
Unterklasse: Diplopoda (Doppelfüßer)
Klasse: Myriapoda (Tausendfüßer)
Unterstamm: Tracheata (Tracheentiere)
Stamm: Gliederfüßer (Arthropoda)

Schnurfüßer
im Laub

Gute Freunde des Gärtners

Die meisten Tausendfüßer – dazu zählt auch der Schnurfüßer – ernähren sich rein vegetarisch. Früchte, Wurzeln und Algen stehen auf ihrem Speiseplan. Besonders gern mögen sie – ebenso wie z. B. die Kellerassel – abgestorbene Pflanzenreste wie herabgefallene Blätter, die sie zersetzen und wieder ausscheiden. Damit tragen sie in Gärten wesentlich zur Bildung guter Pflanzerde bei.

Eng umschlungen

Bei der Paarung einiger Tausendfüßerarten umschlingen sich Männchen und Weibchen manchmal stundenlang. Die Männchen halten die Weibchen dabei mit speziell umgebildeten Beinen fest und übergeben mit ihren Begattungsfüßen den Samen an das Weibchen. Bei anderen, ursprünglicheren Formen legen die Männchen Samenpakete ab. Die Weibchen krabbeln über die Pakete, nehmen sie auf und befruchten ihre Eier. Je nach Art legt das Weibchen bis zu 300 Eier, aus denen Larven schlüpfen. Diese haben erst wenige Körperringe und Beinpaare. Sie müssen sich mehrmals häuten und bekommen dann mit jeder Häutung mehr Körpersegmente.

Tipp!

Hundert- oder Tausendfüßer?

Schau nach, wie viele Beinpaare das Tierchen an jedem Körperring hat. Ist es nur eins, hast du »nur« einen Hundertfüßer erwischt. Sitzen an jedem Ring zwei Beinpaare, hast du tatsächlich einen echten Tausendfüßer gefangen. Kannst du die Anzahl der Körpersegmente feststellen? Und schaffst du es womöglich auch, die einzelnen Beine zu zählen?

★ **Schon gewusst?** ★

Bei Gefahr rollen Tausendfüßer sich nicht nur zusammen, die meisten Arten geben ein übel riechendes, blausäurehaltiges Sekret aus ihren seitlich an den Körperringen liegenden Drüsen ab. Damit halten sie sich Feinde vom Leib. Die in den Tropen heimischen Kapuzineraffen fangen deshalb große Tausendfüßer und reiben sich zum Schutz vor Mücken und anderen Blutsaugern mit der stinkenden, giftigen Flüssigkeit ein.

Lakritzschnecke im Verborgenen

Tausendfüßer leben auf dem Waldboden unter Falllaub verborgen. Auch unter Steinen, in morschem Holz und unter abgestorbener Rinde fühlen sie sich wohl. Heb einfach erst mal ein paar Steine oder moderige Holzstückchen hoch. Falls du dort nicht fündig wirst, kannst du auch die sogenannte Streuschicht auf dem Boden, also die abgestorbenen Blätter und kleinen Zweige, anheben.

Morsche Bäume und Baumstümpfe lassen sich mit einem kleinen Stock oder der Pinzette vorsichtig zerstochern. Achte auf alles, was du dann findest. Wenn sich Tausendfüßer gestört fühlen, laufen sie nicht fort, sie rollen sich meist zusammen und sehen dann ein wenig wie eine Lakritzschnecke aus. Hast du einen Tausendfüßer entdeckt, heb ihn vorsichtig mit der Pinzette in deine Becherlupe.

Die Florfliege

Schön wie ein Schmetterling – zart und zerbrechlich wirkt dieses Insekt, das gar keine echte Fliege ist, wie der Name eigentlich vermuten lässt. Die Florfliege gehört zu den Netzflüglern und ist mit dem Schmetterling verwandt.

Wie ein dünnes Netz aus Spitze scheinen ihre Flügel. Anmutig faltet sie diese zu einem Dach auf dem Rücken, wenn sie sich auf einer Pflanze niederlässt. Ihre großen, knopfförmigen Augen glänzen golden, weshalb sie auch Goldauge genannt wird. Doch Florfliegen sind nicht nur schön, sondern auch sehr nützlich. Denn ihre Larven fressen so viele Blattläuse wie kaum ein anderes Tier.

Typisch Florliege!

★ Es gibt mehrere, sehr ähnliche Arten unter den Florfliegen. Die bekannteste ist die Gemeine oder auch Grüne Florfliege, weil Körper und Flügel leuchtend grün sind, im Herbst auch leicht gelblich gefärbt. Es gibt aber auch Arten mit bräunlichen Körpern.

★ Die Florfliege wird etwa 1 bis 2 cm lang.

★ Sie hat zwei Paar zarte durchsichtige Flügel, die mit einem dichten Netz von Adern durchzogen sind. Jedes Paar kann sie getrennt steuern. Ihre Flügelspannweite kann je nach Art 1,2 bis zu 7 cm betragen. Ihr Flug ist langsam und wirkt etwas taumelig.

★ Wie alle Insekten hat die Florfliege sechs Beine.

★ Am Kopf sitzen zwei Fühler. Mit diesen Tastorganen spürt sie ihre Beute auf.

Auf einen Blick

Arten: in Mitteleuropa etwa 30 Arten
Familie: Chrysopidae (Florfliegen)
Ordnung: Neuroptera (Netzflügler)
Klasse: Insecta (Insekten)

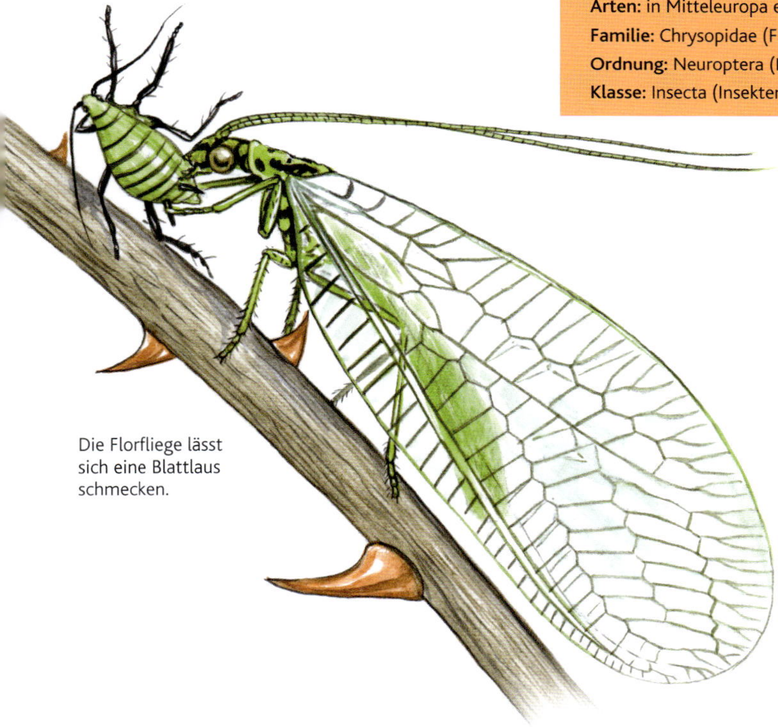

Die Florfliege lässt
sich eine Blattlaus
schmecken.

Löwenhunger

Lass dich nicht täuschen von der Zartheit der Florfliege! Sie ist ein richtiger
Räuber. Neben Pollen und Nektar ernährt sie sich am liebsten von Blattläusen
und deren Ausscheidungen, Honigtau genannt.

Unendlich viel gefräßiger als die erwachsene Florfliege ist allerdings ihre
Larve, die während ihrer Entwicklung bis zu 700 Blattläuse vertilgt. Kein
Wunder, dass man ihr den Beinamen Blattlaus-Löwe verpasst hat.

★ **Schon gewusst?** ★

Für Gärtner sind Florfliegen und ihre gefräßigen Larven nützliche Helfer. Sie werden extra gezüchtet, damit sie in Gewächshäusern schädliche Blattläuse vernichten. So kann auf den Einsatz von giftigen Pflanzenschutzmitteln verzichtet werden.

Eier am Stiel

Zur Paarungszeit im Frühjahr verständigen sich Florfliegenweibchen und -männchen durch Ultraschalllaute, die sie durch Vibrationen und Zuckungen ihres Hinterleibs erzeugen.

Nach der Paarung legt das Weibchen seine bis zu 20 Eier auf etwa 5 mm langen dünnen Stielen ab, die es reihenweise an Pflanzenstängel und an die Unterseite von Blättern klebt. Nach ungefähr 20 Tagen schlüpfen daraus die 8 mm langen, ebenfalls nachtaktiven Larven. Bei näherer Betrachtung erinnern sie mit ihrem borstenbesetzten Körper und den verhältnismäßig großen Fresswerkzeugen an kleine Monster aus einer anderen Welt. Zur Verpuppung spinnen sie einen runden Kokon. Die komplette Entwicklung vom Ei bis zum erwachsenen Tier kann bis zu 60 Tage dauern.

Bäumchen schüttel dich

Florfliegen leben auf Bäumen und Sträuchern. Sie sind nachtaktiv und fangen erst in der Dämmerung an herumzufliegen. Tagsüber halten sie sich häufig an schattigen Stellen versteckt. Perfekt getarnt sitzen sie unter grünen Blättern.

Zum Glück gibt es verschiedene Tricks, um sie aufzuspüren: Schüttele einmal ordentlich den Zweig eines Strauches oder eines Baumes, wenn er tief hinabhängt. So kannst du die Tiere aus ihren Verstecken herausscheuchen und sie mit der Becherlupe oder einem Insektennetz einfangen. Du kannst auch einfach den Kescher durch die Zweige von Büschen und Bäumen ziehen und darauf hoffen, dass neben allerlei anderem Getier eine Florfliege im Netz landet. Manchmal findest du die goldäugigen Räuber auch in Wohnungen – besonders wenn es draußen dunkel ist, denn sie werden magisch vom Licht angezogen. Öffne in einem erleuchteten Raum das Fenster, dann kommen sie schon herbeigeflogen.

Doppelt schön unter der Lupe

Durch die Lupe ist das Netzmuster in den zarten Flügeln des hübschen Tierchens besonders gut zu erkennen. Welche Farbe haben die Augen? Glänzen sie golden? Vielleicht findest du ja auch ein paar Blattläuse. Dann kannst du die Florfliege sogar beim Fressen beobachten. Lass sie nach spätestens einer Viertelstunde wieder frei. Setz sie z. B. in den Garten, auf Büsche oder Rosen, an denen Blattläuse sitzen.

Die Gallwespe

Was fällt dir zuerst ein, wenn du an Wespen denkst? Vielleicht, dass es gelbschwarz gestreifte Flugtiere sind, die schmerzhaft stechen können? Das trifft nur auf wenige Wespen zu. Es gibt unzählige verschiedene Arten.

Gallwespen etwa sind klein, einfarbig und ähneln geflügelten Ameisen. Sie besitzen keinen Giftstachel, sind also für den Menschen völlig ungefähr-lich. Die Weibchen legen ihre Eier einzeln in den grünen, weichen Teilen von Pflanzen, oft in Eichenblättern und -knospen ab. Nach dem Schlupf wuchert das Pflanzengewebe um die Larve herum und es bildet sich die für jede Gallwespenart typische Galle, die kugelrund, linsenförmig, becherartig oder wie ein Schwamm aussehen kann. In der Galle ist die Larve vor Feinden geschützt und ihre Nahrung wächst ihr direkt ins Maul. Es gibt auch Arten, die selbst keine Gallen bilden, sondern ihre Eier in schon bestehende Wohnhöhlen anderer Arten ablegen. Der ursprüngliche Bewohner stirbt dann meist ab. Noch hinterlistiger sind manche Erz- und Schlupfwespen, die ihre Eier auf die Larven der Gallwespen legen. Diese werden von den geschlüpften Erz- und Schlupfwespenlarven gefressen. Aus den Gallen schlüpfen dann später ganz andere Tiere als die ursprüng-lichen Erzeuger der Galle.

Typisch Gallwespe!

★ Mit 1 bis 5 mm Länge sind Gallwespen sehr kleine Wespen.

★ Ihre Färbung ist hell- bis dunkelbraun oder schwarz.

★ Etwa in der Körpermitte haben sie eine sehr schmale Stelle, die sogenannte Wespentaille.

★ Der Hinterleib der Gallwespen sieht aus, als hätte man ihn seitlich zusammengedrückt. Die Weibchen besitzen am Hinterende einen Legestachel, den sie in die weichen Teile der Pflanzen hineinbohren, um dort ihre Eier abzulegen.

Auf einen Blick

Arten: etwa 300 Arten in Mitteleuropa
Familie: Cynipidae (Gallwespen)
Unterordnung: Apocrita (Taillenwespen)
Ordnung: Hymenoptera (Hautflügler)
Klasse: Insecta (Insekten)

Futtersuche Fehlanzeige

Die Larven der Gallwespen ernähren sich von dem wuchernden, weichen Pflanzengewebe, das sie innerhalb ihrer Galle umgibt. Davon fressen sie, bis sie sich in der Galle verpuppen. Die erwachsenen Gallwespen nehmen wenig Nahrung auf, sie trinken Pflanzensäfte, wenn diese z. B. an verletzten Baumstämmen austreten.

Mit und ohne Flügel

Die Larven aller Gallwespen verpuppen sich in den Gallen. Einige Arten überwintern sogar darin und schlüpfen erst im folgenden Frühjahr aus. Andere, wie z. B. die Eichen-Schwammgallwespe haben innerhalb eines Jahres zwei Generationen, die ganz unterschiedlich sind. Die Wintergeneration besteht nur aus ungeflügelten Weibchen. Sie schlüpfen mitten im Winter aus Gallen an den Wurzeln von Eichen, krabbeln bis in die Baumkronen empor und legen ihre unbefruchteten Eier in die Blattknospen der Eichen. Aus den sich dort entwickelnden, schwammartigen Gallen schlüpfen im Sommer männliche und weibliche flugfähige Tiere. Die Weibchen graben sich nach dem Hochzeitsflug zu den Eichenwurzeln hinab und legen dort ihre Eier ab.

Genau hingucken!

Die kleinen, unscheinbaren Gallwespen sind wesentlich schwerer zu entdecken als ihre Gallen. Am leichtesten kannst du sie fangen, indem du mit einem Insektenkescher durch die Zweige von Eichen streichst. Auf diese Weise lassen sich immer eine Menge kleiner Krabbeltiere finden, und mit etwas Glück sind auch Gallwespen darunter. Sieh dir im Winter den Schnee unter Eichen an. Wenn darauf ameisenartig aussehende Tierchen herumkrabbeln, handelt es sich dabei sicher um die Wintergeneration der Eichen-Schwammgallwespe. Setz alle gefangenen Gallwespen vorsichtig mit der Pinzette in die Becherlupe. Den Legestachel der Weibchen kannst du durch die seitliche Lupe erkennen.

Galläpfel mit Gallwespe

★ Schon gewusst? ★

Die Gallen einiger im Mittelmeerraum vorkommender Wespenarten wurden früher zur Gewinnung von Gerbstoffen verwendet. Diese heutzutage künstlich hergestellten Chemikalien braucht man, um rohe Tierhäute zu Leder zu verarbeiten.

Tipp!

Auf Gallensuche

Im Spätsommer und Herbst findest du besonders auf der Unterseite von Eichenblättern eine Menge verschiedener Wespengallen. Jede dieser unterschiedlich geformten Gallen stammt von einer anderen Gallwespenart.

Wenn du im Herbst auf einem herabgefallenen Blatt einen sogenannten Gallapfel findest – eine Galle, die tatsächlich wie ein 2 cm kleiner, rot-gelber Apfel aussieht –, kannst du ihn in einem Marmeladenglas aufbewahren, bis im Frühjahr ein Tier daraus schlüpft. Setze es in die Becherlupe und betrachte es unter der Vergrößerung. Ist es eine Gallwespe oder vielleicht ein ganz anderes Insekt? Die leere Galle kannst du aufschneiden und dir die Wohnkammer und den Schlupfgang unter der Vergrößerung ansehen. Da die Gallwespen sehr klein sind und durch Luftlöcher im Deckel des Marmeladenglases leicht hindurchschlüpfen können, bedecke das Glas besser mit Gaze oder einem Stück luftdurchlässigem Stoff, das du mit einem Gummiband befestigst.

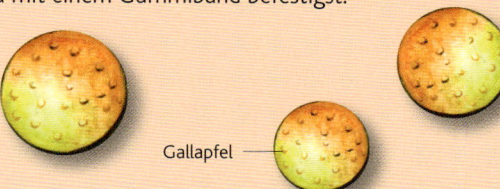

Gallapfel

Lebensraum Teich, See und Bach

Mehr als Dreiviertel der Erdoberfläche sind von Wasser bedeckt, aber nur ein ganz kleiner Teil davon – etwa 3 % – sind Süßwasser. Es gibt eine Vielzahl unterschiedlicher Süßgewässertypen: Stillgewässer wie Weiher, Teiche, Tümpel und Seen und Fließgewässer wie Bäche, Kanäle und Flüsse. Für die Entdeckertour mit der Becherlupe eignen sich am besten Teiche, Seen und Bäche.

Gewässertypen

Der Teich

Teiche sind vom Menschen angelegte, eher kleine und immer flache Stillgewässer. Sie erwärmen sich rasch. Da das Sonnenlicht überall bis auf den Grund dringen kann, sind sie komplett mit Wasserpflanzen bewachsen. Diese dienen vielen wehrlosen Tieren wie **Kaulquappen** (siehe S. 74) und kleinen Fischen als Versteck und Nahrung. Besonders junge Weißfische lassen sich hier gut beobachten. **Schwimmkäfer** (siehe S. 90) wie der Gelbrandkäfer und seine Larve nutzen Wasserpflanzen als Deckung für die Lauerjagd und als Eiablageplatz.

Auch urzeitlich anmutende Tiere wie Molche oder die nachtaktiven Flusskrebse kannst du im Pflanzendickicht entdecken. Molche sehen aus wie Miniaturdrachen, gehören aber zu den Schwanzlurchen. Wie alle Amphibien kehren sie zur Fortpflanzung ins Wasser zurück. Sie können zwar einen Teil ihres benötigten Sauerstoffs über die Haut aufnehmen, müssen zum Luftholen aber trotzdem alle paar Minuten an die Oberfläche kommen. Flusskrebse sind lichtscheue Gestalten. Obwohl sie in ihren Panzern wie unverwundbare Ritter des Tierreiches wirken, haben sie viele Feinde. Kurz nach der bei erwachsenen Krebsen einmal im Jahr stattfindenden Häutung ist der neue Panzer für einige Tage sehr weich. In dieser Zeit sind sie leichte Beute für Raubfische und Fischreiher und bleiben daher auch in der Nacht in ihren Verstecken.

Der See

Als Seen bezeichnet man größere, tiefe, in der Regel natürlich entstandene Stillgewässer. Ausnahmen sind hier Bagger- und Stauseen. Manche Seen besitzen Zu- und Abflüsse, andere werden von Quellen gespeist. Da sie oft sehr tief sind, können sich Wasserpflanzen nur im Uferbereich entwickeln. Seerosen und andere Schwimmblattpflanzen siedeln sich in ruhigen Ufer- zonen an und dienen vielen Tieren wie der Schlammschnecke und dem Blut- egel als Lebensraum, Versteck, Nahrung und Eiablageplatz.

An der Unterseite von Seerosenblättern findest du häufig etwa 2 cm lange und wenige Millimeter breite, feste aber durchsichtige wurstähnliche Gebilde. Dabei handelt es sich um Schneckengelege. Mit etwas Glück erkennst du winzig kleine Schneckengehäuse, wenn du einen Teil des Blattes mit dem Gelege in deine Becherlupe legst. Manchmal kann man auch die 2 bis 3 mm breiten Fraßspuren der Schlammschnecken oder die Tiere selbst hier finden. Auch Blutegel kleben oft an der Unterseite von Schwimmblättern. Sie saugen das Blut von Säugetieren, also auch das der Menschen! Eine solche Ernäh- rungsweise wird als Parasitismus bezeichnet. Es gibt aber auch Arten, die an Fischen saugen oder sich räuberisch ernähren. Alle Egel laufen, indem sie sich mit Kopf- und Fußende am Untergrund festsaugen und zunächst ein Ende vor- und dann das andere nachschieben.

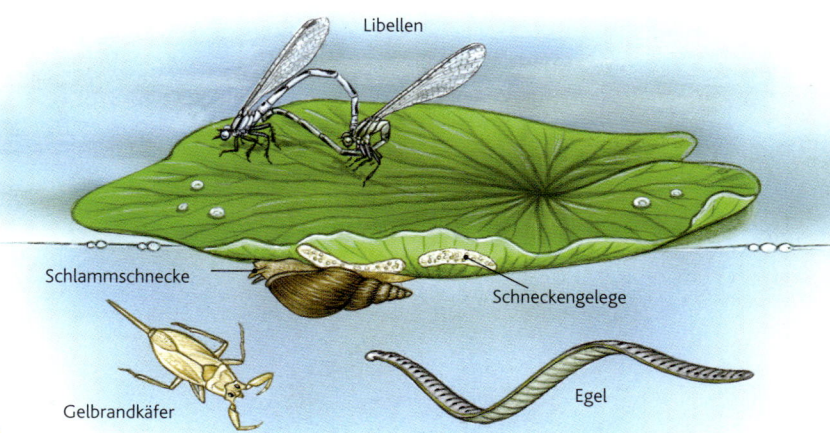

Libellen

Schlammschnecke

Schneckengelege

Gelbrandkäfer

Egel

★ Schon gewusst? ★

Wenn du eine bestimmte Art von Strudelwürmern (siehe S. 78), die Bachplanarie, in einem Bach entdeckst, kannst du sicher sein: Die Wasserqualität ist gut. Bachplanarien brauchen sauberes Wasser, um existieren zu können. Sie werden in der Wissenschaft, wie manche Köcherfliegenlarven (siehe S. 86) und Wasserflöhe (siehe S. 82) auch, als Indikatoren für die Gewässergüte verwendet.

Der Bach

Bäche entspringen aus Quellen, sie sind sauerstoffreich und recht kühl. Da das Wasser sehr schnell fließt, müssen sich die hier lebenden Tiere der starken Strömung anpassen. Viele Insektenlarven, z. B. die von Libellen, Eintags- und Steinfliegen, sowie Strudelwürmer halten sich zumeist unter Steinen verborgen. Die in Bächen lebenden Fische wie die Bachforelle sind kräftige und ausdauernde Schwimmer.

Der Uferbereich besonders von naturbelassenen Bächen ist oft mit vielen unterschiedlichen und sehr interessanten Pflanzen wie Wasserdost, Baldrian, Schwanenblumen oder Igelkolben bewachsen. Hier jagen Libellen die vielen von den Wildkräuterblüten angelockten Kleininsekten. Libellen sind Räuber, die ihre Beute im Flug verfolgen. Sie besitzen keinen Stachel, wie oft fälschlich angenommen wird.

Leben in drei Etagen

Taumelkäfer

Alle Gewässertypen lassen sich in drei Ebenen einteilen: Wasseroberfläche, Freiwasser und Gewässerboden. Dort kommen genau die Tierarten vor, die besonders an die jeweiligen Lebensverhältnisse angepasst sind.

Die Wasseroberfläche

Auf der Wasseroberfläche findest du z. B. besonders am Abend die lustig in Kreisen umherschwimmenden Taumelkäfer. Sie besitzen geteilte Augen, mit denen sie sowohl unter wie über der Wasseroberfläche sehen können. Die Wasserwanze ernährt sich von auf das Wasser gefallenen Insekten, die sie aussaugt. Sie wird auch als Wasserläufer bezeichnet, weil sie tatsächlich auf der Wasseroberfläche läuft. Hierfür hat sie besonders große Füße entwickelt. Aber das allein reicht natürlich nicht. Eine wichtige Voraussetzung ist die Oberflächenspannung des Wassers. Sie kommt zustande, weil sich die einzelnen Wasserteilchen, die sogenannten Moleküle, sehr stark gegenseitig anziehen. Infolgedessen nehmen Wassertropfen eine Kugelform an und es bildet sich eine »Wasserhaut« an der Wasseroberfläche.

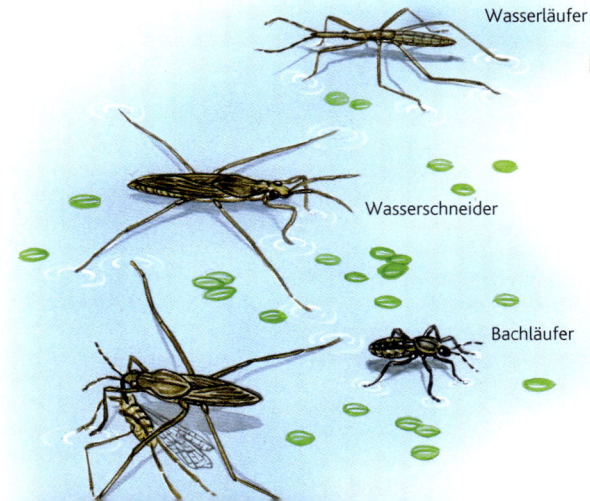
Wasserläufer

Wasserschneider

Bachläufer

★ Schon gewusst? ★

Wasser hat eine merkwürdige Eigenschaft, die ein dauerhaftes Leben darin erst möglich macht. Im Winter, wenn die Temperaturen unter den Gefrierpunkt des Wassers, also unter Null Grad Celsius sinken, frieren viele Gewässer an der Oberfläche zu. Wenn das Wasser sich wie alle anderen Stoffe auf der Erde verhalten würde, die beim Gefrieren schwerer werden, würde das kalte Wasser von der Oberfläche eines Gewässers ständig nach unten sinken. Deshalb würde z. B. ein See vom Boden her zufrieren. Und wir könnten erst Schlittschuh laufen, wenn er vollkommen vereist wäre. Nun kommt aber die Besonderheit des Wassers: Es ist bei plus vier Grad Celsius am schwersten und sinkt daher auf den Grund! Kühlt das darüber liegende Wasser weiter ab und beginnt zu gefrieren, bildet es auf der Gewässeroberfläche eine Eiskruste, unter der auch im Winter Tiere und Pflanzen überleben können, solange genug Sauerstoff im Wasser gelöst ist. Diese Eigenschaft wird auch die Anomalie des Wassers genannt.

Das Freiwasser

Im Freiwasser, auch Wasserkörper genannt, leben große Planktonschwärme. Zu diesen meist in großen Ansammlungen vorkommenden Kleinstlebewesen gehören z. B. die Wasserflöhe. Sie dienen sehr vielen anderen Tierarten als Nahrung. Auch die größeren Fische nutzen das Freiwasser eines Gewässers, also den Teil zwischen Bodengrund und Oberfläche, als Lebensraum. Sie bilden hier mitunter ebenfalls sehr große Schwärme, die von den Fischern wie im Meer mit Schleppnetzen gefangen werden.

Tipp!

Anomalie des Wassers

Überzeuge dich selbst von der Anomalie des Wassers: Stell eine mit Wasser gefüllte Gefrierbox ins Tiefkühlfach. Wenn sich nach etwa einer Stunde eine Eiskruste gebildet hat, nimm die Schale wieder heraus und miss mit einem Thermometer die Temperatur an der Oberfläche und am Boden. Unten ist es wärmer, stimmt's?

Der Gewässerboden

Am Gewässerboden findest du sehr viele Tierarten wie z. B. die Köcherfliegenlarve, die sich aus Pflanzenmaterial, Steinchen oder verlassenen Schneckenschalen ihre eigene Wohnung baut. Beinahe ganz in den sandigen Boden eingegraben lebt die Teichmuschel, deren Wanderspuren du als Linien auf dem Boden nachverfolgen kannst. Ihre Verwandte, die Flussperlmuschel, ist in Deutschland beinahe ausgestorben. Ihr wurde zum Verhängnis, dass sie wie die im Meer lebende Auster wunderschöne und wertvolle Perlen bildet. Die Teichmuschel selbst tut das nicht, aber das Innere ihrer Schale besteht ebenfalls aus Perlmutt, dem bunt schillernden Grundstoff aller Muschelperlen.

Teichmuschel

Mitreisende

Wenn du einmal nach Einbruch der Dunkelheit nachtaktive Köcherfliegenlarven suchst, wirst du entdecken, dass sich an ihrem Köcher oft Mitreisende festhalten: kleine Würmer, Egel oder Süßwasserpolypen.

Auch auf dem Panzer der nachtaktiven Flusskrebse finden sich manchmal diese blinden Passagiere. Manche von ihnen betätigen sich als Mitesser während der Mahlzeiten ihrer beweglichen Untersätze, andere nutzen diese nur, um schneller von einem Ort zum anderen zu gelangen.

Vielfältiger Speiseplan

Die Tiere aller Lebensräume lassen sich aufgrund ihrer Ernährungsweise in mehrere Gruppen einteilen: So gibt es auch im Wasser Pflanzenfresser, Räuber und Destruenten. Letztere ernähren sich von abgestorbenem Tier- und Pflanzenmaterial und werden auch Kompostierer genannt. Der Flusskrebs gehört als Aasfresser zur Gesundheitspolizei im Gewässer. Er verhindert durch seine Ernährungsweise, dass z. B. an Krankheiten gestorbene

Flusskrebs

Fische andere anstecken. Darüber hinaus gibt es Nahrungsspezialisten wie den Blut saugenden Blutegel oder die als Filtrierer bezeichnete Teichmuschel. Sie filtert Unmengen von Wasser und verdaut die darin enthaltenen, winzigen Schwebstoffe. Auf diese Weise entfernen Muscheln auch manche Schadstoffe aus dem Wasser, reichern diese dann allerdings in ihrem Körper an.

Tipp!

Woher kommt der Sauerstoff?

Wenn du eine frisch abgeschnittene Wasserpflanze, z. B. ein Stück Wasserpest, in deiner Becherlupe mit einer Lampe bestrahlst oder sie einfach in die Sonne stellst, kannst du beobachten, wie kleine Luftblasen aus dem Stielende herausperlen. Dabei handelt es sich um Sauerstoff, den die Pflanze sozusagen als Abgas ausscheidet, wenn sie Fotosynthese betreibt. Diesen Trick beherrschen nur die grünen Pflanzen auf der Erde, sie produzieren mithilfe von Sonnenlicht aus Kohlendioxid und Wasser Zucker, den sie für ihre Energieversorgung und den Aufbau neuer Zellen benötigen.

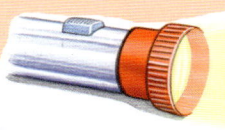

Die Kaulquappe

Was tummeln sich im Frühjahr und Frühsommer für kleine dunkle Kügelchen mit Schwanz in vielen Tümpeln, Teichen oder sogar großen Pfützen? Kaulquappen! Die wasserlebenden Tierchen sind Larven, die sich später in Kröten, Frösche und Unken verwandeln. Diese auch als Froschlurche bezeichneten Amphibien leben dann überwiegend an Land. Deshalb müssen die Kaulquappen sich während der Metamorphose – wie die Umwandlung der Larve in ein erwachsenes Tier genannt wird – von der Wasser- auf die Luftatmung umstellen. Zuvor wachsen ihnen noch im Gewässer zunächst Hinter- und danach Vorderbeine. Ihren Schwanz werfen sie nicht einfach ab, sondern die einzelnen Zellen werden an einer anderen Stelle für das weitere Wachstum verwendet.

Typisch Kaulquappe!

★ Der Körper aller Kaulquappen ist weich und glitschig. Manche Arten sind einheitlich dunkel gefärbt, andere sind am Bauch heller als auf dem Rücken.

★ Die kleinsten Kaulquappen in Mitteleuropa sind die der Kreuzkröte (bis zu 2,3 cm lang), die größten sind die der Knoblauchkröte, die im Durchschnitt etwa 10 cm lang und sehr dick werden.

★ Die Kiemen sind nur ganz am Anfang von außen erkennbar und werden bald von der Haut überwachsen. Das Maul der Kaulquappen ist zunächst sehr klein und entwickelt sich später in die Breite.

★ Bei der Umwandlung zum landlebenden Froschlurch wachsen den Kaulquappen Beine, der Schwanz wird kürzer. Manchmal ist allerdings noch ein Rest davon zu sehen, wenn sie an Land gehen.

Auf einen Blick

Arten: weltweit etwa 5250, davon 43 in Europa

Familien: 33

Ordnung: Anura (Froschlurche)

Klasse: Amphibia (Lurche)

Erst Pflanzenfresser, dann Räuber

Kaulquappen ernähren sich die meiste Zeit ihres Lebens von Pflanzen, Pilzen oder den Resten abgestorbener Tiere. Erst während der Metamorphose beginnen manche Arten, tierische Nahrung zu sich zu nehmen. Erwachsene Froschlurche sind dann allesamt Räuber.

Zurück nach Hause

Im Frühjahr kehren die erwachsenen Froschlurche zur Fortpflanzung in das Gewässer zurück, in dem sie selbst als Kaulquappe aufgewachsen sind. Je nach Art legen die Weibchen ihren Laich als Ballen ab oder wickeln sogenannte Laichschnüre um Wasserpflanzen. Aus den Eiern schlüpfen dann die Kaulquappen. Die Zeit bis zum Schlupf ist bei jeder Art verschieden und zusätzlich von der Witterung abhängig.

Von der Quappe zum Frosch

★ Schon gewusst? ★

Die Männchen der in Europa lebenden Geburtshelferkröte schlingen sich die Laichschnüre mit den befruchteten Eiern um ihre Hinterbeine und tragen sie so für einige Zeit mit sich herum. Die bereits weit entwickelten Kaulquappen werden dann ins Wasser entlassen. Auf diese Weise verhindern die Geburtshelferkröten, dass ihre Eier gefressen werden.

Leichte Beute

Die meisten Kaulquappen lassen sich vom Ufer aus leicht mit einem kleinen Kescher, mit der Becherlupe oder gar mit der Hand fangen. Für die großen, schnell schwimmenden Larven der Knoblauchkröte brauchst du einen Kescher mit einem längeren Griff.

Große Larve der Geburtshelferkröte und kleine Kaulquappen

Tipp!

Vom Laich zum Frosch

Du möchtest erleben, wie aus Froschlaich eine Kaulquappe und nach und nach ein kleiner Frosch wird? Dann hole dir als Erstes eine Genehmigung bei der zuständigen Landschaftsbehörde ein, dass du Froschlaich aus einem Gewässer entnehmen darfst. Danach füllst du ein möglichst großes Glas etwa 10 cm hoch mit Wasser aus dem Gewässer. Zusätzlich gibst du kleine Wasserpflanzen, Blätter, Äste und Steine hinein. Ein paar Steine sollten über die Wasseroberfläche hinausragen, damit die kleinen Frösche später daran aus dem Wasser klettern können. Jetzt kannst du etwas Froschlaich aus dem Gewässer entnehmen und vorsichtig in dein Aquarium füllen. Verschließ es mit einem Deckel (denke an ein paar Luftlöcher!) oder mit einem Moskitonetz. Jetzt brauchst du Geduld: Nach etwa zehn Tagen schlüpfen die kleinen Larven aus den Eiern. Ein paar Wochen später wachsen den Kaulquappen die ersten Beinchen und nach und nach entwickeln sie sich zu kleinen Fröschen. Die Jungfrösche bringst du wieder zurück in das Gewässer, aus dem du den Laich entnommen hast.

Der Strudelwurm

Strudelwürmer kommen in fast allen Gewässertypen vor. Es gibt sowohl tag- wie auch nachtaktive Arten, alle sind freilebend und ernähren sich räuberisch.

Einige Strudelwürmer sind sehr klein und schwer zu entdecken. Größere Arten, wie z. B. die sogenannten Planarien, findest du auf der Unterseite von Steinen, an Schwimmblättern und Pflanzenstängeln oder auf abgesunkenen Holzstücken. Du erkennst sie an den seitlich am Körper liegenden, an Ohren erinnernden Auswüchsen des Kopfes. Strudelwürmer haben keine Atmungsorgane, sie nehmen den Sauerstoff einfach über die Haut auf. Neben den zumeist kleinen, wasserlebenden Arten gibt es auch einen landlebenden Strudelwurm, der 60 cm Länge erreichen kann! Der ist allerdings bei uns nicht heimisch.

Typisch Strudelwurm!

★ Die im Süßwasser vorkommenden Strudelwürmer sind zwischen wenigen Millimetern und 2,6 cm lang. Ihr Körper ist sehr flach. Es ist leicht verständlich, dass sie zu den Plattwürmern gehören.

★ Die meisten Strudelwürmer sind graubraun, hellbraun oder weißlich gefärbt.

★ Besonders unter dem Vergrößerungsglas fallen die beiden beweglichen »Öhrchen« im Kopfbereich der meisten Strudelwürmer auf. Auf ihnen befinden sich zahlreiche Sinnesorgane, mit denen sie riechen können.

★ Kurz vor der breitesten Stelle des Kopfes lassen sich die beiden schwarzen Augen erkennen, um die herum sich ein heller Hof befindet.

Nächtliche Pirsch

Einige der bei uns heimischen Strudelwürmer sind nächtliche Räuber. Wie auch die tagaktiven Arten ernähren sie sich hauptsächlich von Insektenlarven und Bachflohkrebsen, verschmähen aber auch Fischeier und kleine Fische nicht.

Ihre Beute spüren sie mithilfe der in den seitlichen »Öhrchen« gelegenen Sinnesorgane auf. Die Nahrung wird vor dem in der Mitte der Unterseite des Körpers gelegenen Schlund eingeschleimt und dann mittels feiner Wimpern in diesen hineingestrudelt. Den Wimpern und ihrer Funktion verdankt der kleine Räuber seinen Namen.

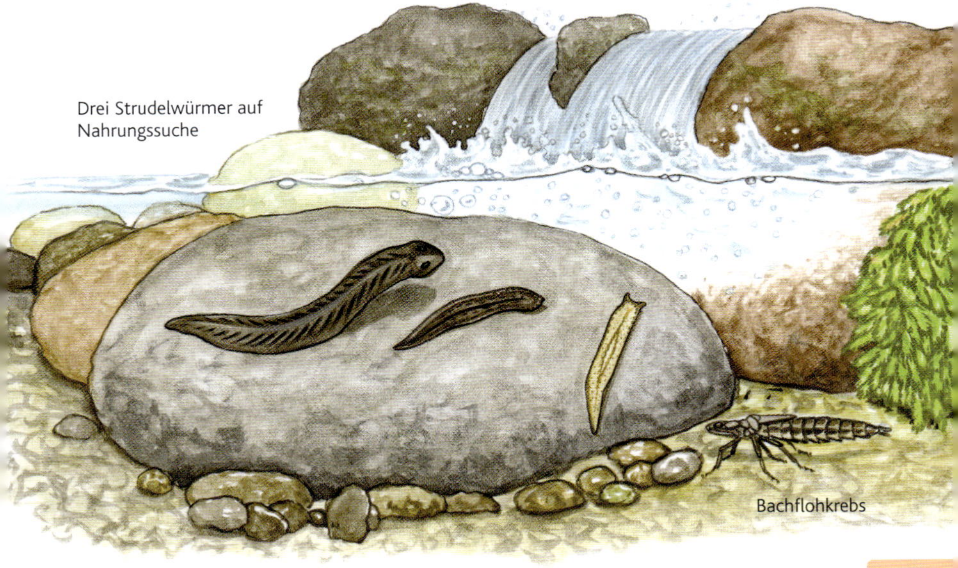

Drei Strudelwürmer auf Nahrungssuche

Bachflohkrebs

Sie platzen beim Eierlegen

Strudelwürmer sind Hermaphroditen, also Zwitter. Das bedeutet, dass sie sowohl männliche als auch weibliche Geschlechtsorgane besitzen. Sie können sich deshalb mit jedem Artgenossen, dem sie begegnen, fortpflanzen.

Die Eier werden zu rundlichen Kokons verpackt und mit Stielchen an Steinen, Wasserpflanzen oder ähnlichem angeheftet. Zur Eiablage platzt einfach die Körperhaut der »Mutter« an der Seite auf, diese Verletzung verheilt aber rasch wieder.

Leicht zu finden

Gibt es in einem Gewässer Strudelwürmer, sind sie nicht schwer zu finden. Sie kleben förmlich mit ihrer Bauchseite auf oder unter Steinen und Holzstücken oder an Wasserpflanzen. Du kannst sie unter Wasser vorsichtig mit der Pinzette in deine Becherlupe schubsen oder sie mitsamt eines kleinen Teiles der Wasserpflanze umsiedeln.

★ Schon gewusst? ★

Strudelwürmer verfügen über die erstaunliche Fähigkeit, bei Verletzungen rasch alle betroffenen Körperstellen und Organe zu regenerieren, das heißt, sie wieder herzustellen. Dieses Kunststück gelingt ihnen, da sie über eine Vielzahl von sogenannten Stammzellen verfügen, die bei Bedarf die Funktion anderer Körperzellen übernehmen und neues Gewebe aufbauen können. Aus diesem Grund werden einige Arten, wie z. B. die Bachplanarie, schon seit vielen Jahren wissenschaftlich untersucht. Die Forscher hoffen, dass sie hinter das Geheimnis der Würmchen kommen und die Ergebnisse im Kampf gegen schwere Krankheiten des Menschen anwenden können.

Ganz schön dünnhäutig

Tipp!

Stell deine Becherlupe mit einem flach auf dem Boden liegenden Strudelwurm auf eine weiße Pappe oder ein Blatt Papier. So
kannst du von oben besonders gut den Darm schimmern sehen,
der durch den ganzen Körper läuft. Denn die Tiere haben eine
ziemlich dünne, durchsichtige Haut. Vielleicht erkennst du auch
die Kontraktionswellen, die beim Vorwärtskriechen der Strudelwürmer über ihren Körper laufen.

Strudelwürmer haben
eine dünne Haut.

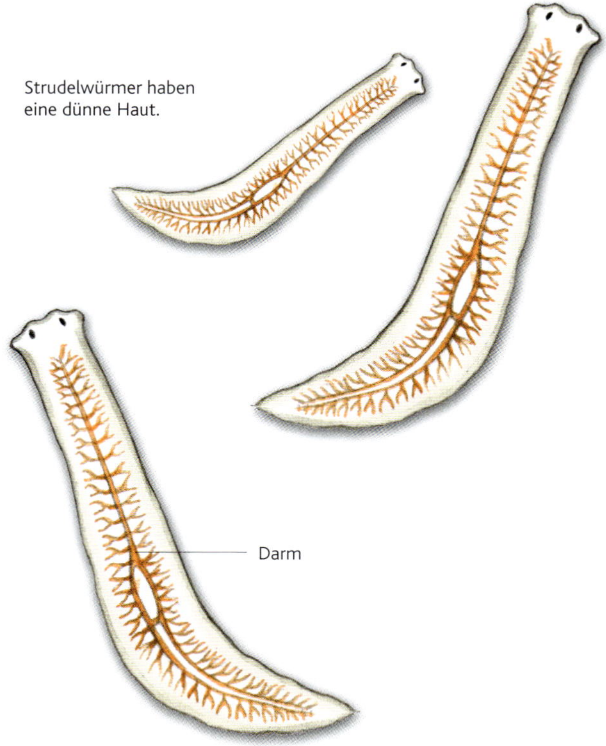

Darm

Der Wasserfloh

Wasserflöhe sind kleine Krebse, die im Uferbereich von Seen, Teichen oder auch in größeren Pfützen leben. An warmen Sommertagen bewegen sie sich manchmal in großen Schwärmen hüpfend durchs Wasser.

Wasserflöhe gehören zum tierischen Plankton und bilden die Hauptnahrung sehr vieler Räuber, wie zum Beispiel junger Fische, und sind damit ein extrem wichtiges Glied der Nahrungskette. Im Winter findet man sie kaum, diese ungünstige Jahreszeit überleben nur wenige von ihnen.

Typisch Wasserfloh!

★ Die meisten Wasserfloharten sehen sich auf den ersten Blick sehr ähnlich. Die größte Art ist der Große Wasserfloh, der bis zu 6 mm lang wird. Am häufigsten ist der Gemeine Wasserfloh mit höchstens 4 mm Länge.

★ Der Chitinpanzer des Wasserflohs ist durch zusätzlich eingebauten Kalk sehr fest. Je nach Art ist er hell bräunlich, gelblich oder rötlich gefärbt und mehr oder weniger durchsichtig. In seinem Innern lassen sich bei vierfacher Vergrößerung die eigentlichen Beine, der Darm, manchmal das Herz und bei den Weibchen die Eier und Jungtiere erkennen.

★ Am Hinterende sitzt bei vielen Arten ein Schwanzstachel – keine Angst, damit können sie nicht stechen! Es handelt sich dabei um einen Auswuchs des Panzers, der es den Fressfeinden der Wasserflöhe erschweren soll, sie zu verschlucken.

★ Am Kopfende fallen besonders die stark vergrößerten, verzweigten Ruderantennen und das aus zwei Seitenaugen zusammengewachsene, schwarze Komplexauge auf.

★ Weiter vorn am Kopf liegt noch ein weiteres Antennenpaar. Es ist sehr klein und manchmal im Panzer versteckt. Auf ihm befinden sich Sinnesorgane zum Riechen und Schmecken.

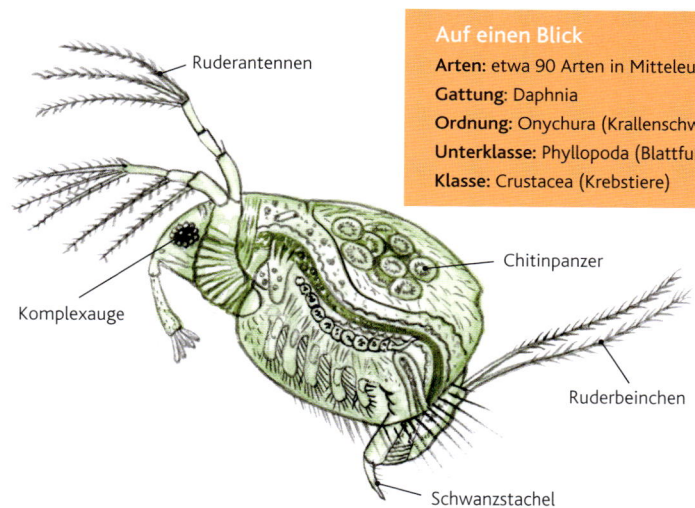

Ruderantennen

Chitinpanzer

Komplexauge

Ruderbeinchen

Schwanzstachel

Grünfutter

Wasserflöhe ernähren sich von kleinsten im Wasser befindlichen Schwebstoffen wie einzelligen Algen, Pilzen und Bakterien. Dieses pflanzliche Plankton färbt ihren Darm oft grünlich. Die Nahrung strudeln sie zusammen mit dem Wasser durch einen rhythmischen Schlag ihrer Beine zum Maul.

★ **Schon gewusst?** ★

Wasserflöhe hüpfen aufrecht stehend durch das Wasser, indem sie sehr schnell mit ihrem stark vergrößerten und verzweigten Antennenpaar rudern. Von diesen Ruderbeinchen stammt auch der Name der Tierklasse: Phyllopoda, das bedeutet Blattfußkrebse.

Wasserflöhe haben
viele Fressfeinde.

Vermehrung durch Klonen

Da die Wasserflöhe sehr vielen räuberisch lebenden Wassertieren als Nahrung
dienen, haben sie eine ganz besondere Strategie entwickelt, um sich schnell
zu vermehren: Sie klonen sich, d.h. die Weibchen produzieren in schneller
Folge unbefruchtete Eier mit einer dünnen, weißlich-transparenten Schale,
aus denen rasch weitere Weibchen schlüpfen, die wiederum zunächst nur
weibliche Eier produzieren.

So kommt es, dass 98 % aller Wasserflöhe weiblich sind und jedes Weibchen –
sollten alle seine Nachkommen überleben – bis zu 30 Millionen Jungtiere zur
Welt bringen kann. Erst unter ungünstigen Umweltbedingungen wie z.B.
Kälte, Trockenheit, Giftstoffen im Wasser, hohe Dichte an Räubern oder
Nahrungsmangel tauchen Männchen auf, die sich mit den Weibchen paaren.
Außerdem legen die Weibchen dann dunkel gefärbte Dauereier. Diese können
den Winter oder Trockenperioden von bis zu zwei Jahren unbeschadet über-
dauern.

Nylonstrümpfe auf Abwegen

Wasserflöhe lassen sich leicht mit dem Fußteil eines ausgedienten Nylonstrumpfes fangen. Schneide diesen so ab, dass er noch etwa 15 cm lang ist. Dann kannst du ihn einfach mit beiden Händen am offenen Ende festhalten und wie ein Fischernetz durchs Wasser ziehen. Wenn du dabei einen Wasserflohschwarm erwischst, reicht ein einziger »Fischzug«, um die Becherlupe mit Leben zu füllen.

Tipp!

Seitenansicht

Die Eier und Jungtiere hinten im durchsichtigen Panzer der weiblichen Wasserflöhe kannst du besonders gut mithilfe der seitlich angebrachten Lupe erkennen. Der große schwarze Punkt vorn am Kopf ist das Komplexauge. Mit etwas Glück siehst du darunter auch das kleinere, sogenannte Naupliusauge. Dieses einfache Sinnesorgan ist ein Überbleibsel aus der Jugendzeit des Wasserflohs.

Komplexauge mit wabenförmiger Struktur

Lichtscheue Gestalten

Wenn du nun mit einer starken Taschenlampe oder einer Schreibtischlampe seitlich in die Becherlupe hineinleuchtest, ziehen sich die Wasserflöhe auf die gegenüberliegende Seite zurück. Das tun sie, weil sie in ihrem natürlichen Lebensraum der schädlichen UV-Strahlung des Sonnenlichtes entgehen wollen und daher starkes Licht meiden.

Die Köcherfliegenlarve

Im Sommer oder Herbst kann man im flachen Wasser oft winzige, röhrenförmige Gebilde aus Stöckchen oder kleinen Schneckenhäusern entdecken, die sich langsam über den Gewässerboden bewegen. Wenn du eins davon vorsichtig in die Hand nimmst, wirst du erkennen, dass es sich dabei um die Wohnhöhle eines nicht sehr freundlich aussehenden Tieres handelt: die Larve einer Köcherfliege.

Die raupenartigen Tiere sind wahre Baumeister. Die verschiedenen Arten stellen mit ihrer jeweiligen Technik unterschiedliche Köcher her, die ihnen sowohl zur Tarnung, als auch zum Schutz dienen, damit sie nicht allzu leichte Beute für Fische, Molche, Wasserkäfer oder Libellenlarven sind. Wenn die Larven wachsen, vergrößern sie ihren Köcher einfach. Sobald sie nach etwa einem Jahr ausgewachsen sind – das fertige Insekt nennt die Wissenschaft eine Imago – verpuppen sie sich im Köcher und schwimmen nach der Umwandlung zum Fluginsekt sofort zur Wasseroberfläche.

★ **Schon gewusst?** ★

Die meisten Insekten verbringen wie die Köcherfliege den allergrößten Teil ihres Lebens als Larve und leben nur für ganz kurze Zeit als erwachsenes Tier.

Auf einen Blick

Arten: weltweit bis zu 7000, davon ca. 300 in Mitteleuropa

Familien: ca. 20

Ordnung: Trichoptera (Köcherfliegen)

Unterordnungen: 2

Klasse: Insecta (Insekten)

Mundwerkzeuge

Laufbeine

Typisch Köcherfliegenlarve!

★ Die Köcherfliegenlarve lebt unter Wasser in einer schützenden Hülle aus selbstgesponnenen Seidenfäden und Steinchen, leeren Schneckenschalen oder Pflanzenteilen. Manche Arten knabbern ihr Baumaterial vor der Verarbeitung zu millimetergenau gleichgroßen Stückchen zurecht. Mithilfe eines Spinnsekrets, das sie durch spezielle Munddrüsen abgeben, verkleben sie es dann zu einer Röhre.

★ Die Wohnröhren bzw. Köcher, denen das Tier seinen Namen verdankt, werden je nach Art 1 bis 5 cm lang.

★ Der gepanzerte Vorderteil der Köcherfliegenlarven ist meist bräunlich oder dunkelgrau. Hier sitzen neben den Mundwerkzeugen auch die Laufbeine zur Fortbewegung.

★ Um ihren weichen, weißlichen Hinterleib zu verbergen, klammert die Larve sich mit speziellen Füßchen im Köcher fest. Nur wenn sie sich einmal besonders weit herausstreckt, sind die seitlich am Hinterleib sitzenden, fadenförmigen, manchmal verzweigten Tracheen zu sehen. Sie funktionieren etwa wie die Kiemen der Fische und dienen als Atmungsorgan.

Kleiner Vielfraß

Die meisten Köcherfliegenlarven sind Allesfresser, manche fressen mehr tierische, andere überwiegend pflanzliche Kost. Sie suchen ihre Nahrung auf dem Gewässergrund oder weiden Steine und Pflanzen ab. Es gibt einige freilebende Arten, die ihren Köcher im Laufe der Evolution abgelegt haben, in Bächen leben und sich wie Spinnen eine Seidenhöhle bauen. Sie fischen ihre Beute mit kleinen Netzen aus dem Wasser heraus, ernähren sich meist vollkommen räuberisch.

Tipp!

Tier- oder Pflanzenfresser?

Suche im Gewässer nach kleinen Wasserpflanzen wie Wasserpest oder Algen und lege ein bisschen davon mit in die Becherlupe. Beobachte, ob deine Larve zuerst an der Pflanze knabbert oder sich über die Wassertiere hermacht, die an oder zwischen den Pflanzen leben.

Ein ganzes Jahr im Wasser

Nach der Paarung legen die ausgewachsenen Köcherfliegen-Weibchen ihre Eier am oder im Gewässer ab, in dem die Larven sich entwickeln sollen. Dies geschieht im Spätsommer oder Herbst. Die Larven wachsen ein Jahr lang im Wasser heran, um dann für kurze Zeit als fliegendes Insekt zu leben – und sich wiederum fortzupflanzen ...

Auf Köcherfliegenlarvenfang

Um Köcherfliegenlarven zu fangen, brauchst du nicht unbedingt Hilfsmittel. Einige Arten sind tagaktiv, du kannst sie von Steinen und Holzstücken unter Wasser oder direkt vom Gewässergrund absammeln. Nachtaktive Larven findest du tagsüber unter Steinen versteckt oder indem du nachts mit einer Taschenlampe ins Wasser leuchtest. Du kannst die Köcher vorsichtig mit der Hand anfassen, das schadet den Larven nicht. Es ist wichtig, dass du zum Beobachten Wasser in deine Becherlupe füllst.

Komm heraus!

Aus welchem Ende des Köchers streckt die Larve ihren Kopf heraus? Halte den Köcher am anderen Ende mit zwei Fingern fest, dann wird die Larve sich weit aus ihrem Panzer herauslehnen. Du kannst die Tracheen sehen, am besten nimmst du den Deckel der Becherlupe dazu in die Hand.

Und dreh dich um!

Setze die Larve in die Becherlupe zurück und baue ein Hindernis vor dem Köcher auf, das sie nicht überwinden kann, z. B. einen sehr glatten, kleinen Stein. Schon bald wird die Larve ihren Kopf aus dem anderen Ende des Köchers herausstrecken. Sie ist in der Lage, sich in dem engen Gehäuse umzudrehen!

Tracheen

Der Schwimmkäfer

Krabbeln, Fliegen und Schwimmen – Schwimmkäfer können alles. Die meisten Arten bevorzugen stehende Süßgewässer, die reichlich mit Wasserpflanzen bewachsen sind. Sie kommen jedoch auch in Fließgewässern, Mooren und sogar im Brackwasser vor. Der bekannteste Schwimmkäfer ist der Gelbrandkäfer. Er hält sich zumeist zwischen Wasserpflanzen versteckt und lauert auf seine Beute, denn wie alle Schwimmkäfer leben er und seine Larve räuberisch. Da er keinen Sauerstoff aus dem Wasser atmen kann, kommt er zum Luftholen immer wieder an die Wasseroberfläche. Alle Schwimmkäfer können dank ihrer Ruderbeine schnell und geschickt schwimmen. Sie können darüber hinaus aber auch weite Strecken fliegend zurücklegen und so rasch neu entstandene Gewässer wie z. B. Gartenteiche besiedeln.

★ Schon gewusst? ★

Die praktischen Ruderbeine der Schwimmkäfer sind eine Anpassung an den Lebensraum Wasser. Die nächstverwandten Arten der Schwimmkäfer stammen aus der Familie der an Land lebenden Laufkäfer. Beide Familien haben vermutlich einen gemeinsamen Vorfahren, aus dem sie sich in zwei ganz unterschiedliche Richtungen entwickelten, während sie sich an die jeweilige Umgebung anpassten. Diese im Laufe vieler tausend Jahre ablaufenden Veränderungen nennt die Wissenschaft Evolution, das bedeutet Entwicklung. Dabei ist entscheidend, dass sich bei der Fortpflanzung nicht alle Nachkommen wie ein Ei dem anderen gleichen, sondern sie immer kleinste Unterschiede zueinander aufweisen. Wenn nun einer dieser kleinen Unterschiede einen praktischen Vorteil bildet, wirkt die sogenannte Selektion, die natürliche Auswahl. Sie sorgt dafür, dass Individuen mit kleinen Vorteilen diese bevorzugt an die nächste Generation weitergeben können. Das geht dann immer so weiter, bis eines Tages ein neues, perfekt an eine bestimmte Umwelt angepasstes Merkmal – wie die Ruderbeine der Schwimmkäfer – entstanden ist.

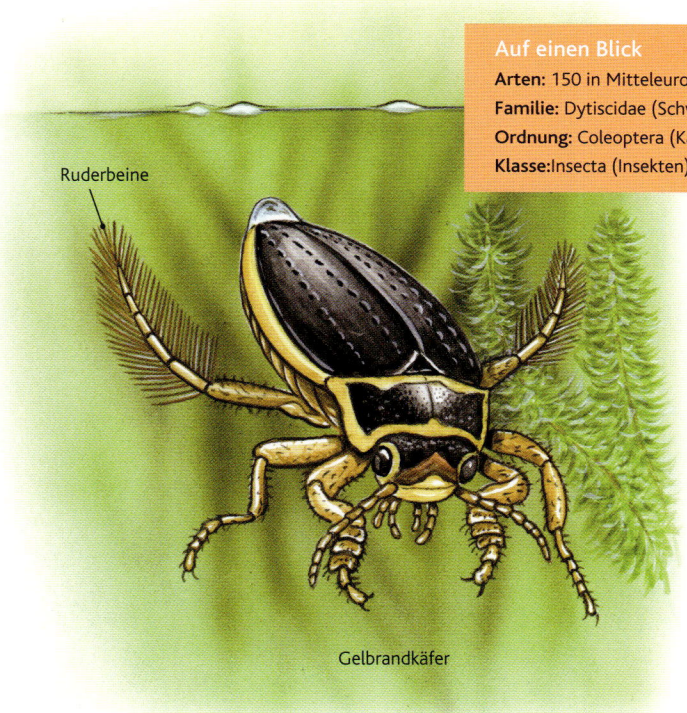

Ruderbeine

Auf einen Blick

Arten: 150 in Mitteleuropa
Familie: Dytiscidae (Schwimmkäfer)
Ordnung: Coleoptera (Käfer)
Klasse: Insecta (Insekten)

Gelbrandkäfer

Typisch Schwimmkäfer!

★ Alle Schwimmkäfer haben einen gut an das schnelle Schwimmen angepassten, stromlinienförmigen Körper. Sie werden je nach Art etwa 2 bis 37 mm lang.

★ Die Hinterbeine der Schwimmkäfer sind vergrößert und behaart, mit diesen »Rudern« schwimmen sie rasch durch das Wasser.

★ Ihre Unterseite ist meist sehr dunkel gefärbt, die Oberseite der Flügel ist dunkel bräunlich oder grünlich, mitunter besitzen die Käfer auch gelbe oder rotbraune Ornamente.

★ Die Flügeldecken der Käfer sind sehr hart und dienen als Schutz für die darunter gelegenen, weichen Flügel, die zum Fliegen gebraucht werden.

Geschickte Jäger

Schwimmkäfer ernähren sich räuberisch, sie jagen Insekten und deren Larven, Kaulquappen, kleine Krebstiere und Fische. Ihre Beute fangen sie als Lauerjäger zwischen Wasserpflanzen.

Im Frühling oder Herbst wird geheiratet

Schwimmkäfer legen mehrere hundert Eier an Wasserpflanzen ab. Dies geschieht meist im Frühjahr, mitunter auch im Herbst, dann überwintern die Larven und verwandeln sich erst im folgenden Jahr nach drei Häutungen in einen erwachsenen Schwimmkäfer. Die Larven sind sehr räuberisch, die Larven des Gelbrandkäfers zum Beispiel können während ihrer Entwicklung bis zu 900 Kaulquappen vertilgen.

Etwas Geduld und gute Augen

Am wahrscheinlichsten findest du die Schwimmkäfer zwischen Wasserpflanzen oder Algen. Wenn du diese z.B. mit einem Stock beiseite schiebst, kannst du die dunkel gefärbten, flinken Tierchen leicht erkennen und mit einem Kescher einfangen. Oder du beobachtest die Wasseroberfläche in der Nähe von Wasserpflanzen und fängst die Käfer ein, sobald sie zum Luftholen an die Wasseroberfläche kommen.

Eigener Sauerstofftank zum Tauchen

Fülle Teichwasser und einige Wasserpflanzen zu deinem Schwimmkäfer in die Becherlupe. Nach einigen Minuten schwimmt der Käfer an die Wasseroberfläche und streckt sein Hinterende aus dem Wasser, um so seinen Luftvorrat zu erneuern. Wenn er wieder hinabtaucht, erkennst du eine kleine Luftblase hinten unter seinen Flügeln. Daraus atmet er den lebensnotwendigen Sauerstoff. Wenn du eine Stoppuhr besitzt, kannst du die Zeit stoppen die vergeht, bis der Käfer erneut zum Luftholen an die Wasseroberfläche aufsteigt.

Gelbrandkäferlarve

Art: Fortpflanzungsgemeinschaft gleich aussehender Tiere oder Pflanzen. Wenn sich ein Männchen und ein Weibchen einer Art paaren, bekommen sie lebensfähige Junge, die sich selbst wieder fortpflanzen können. Einheit in der biologischen → Systematik.

Brackwasser: Mischung aus Süß- und Salzwasser mit einem Salzgehalt von 0,1 bis 1 % (Meerwasser hat durchschnittlich 3,5 %). Oft im Mündungsbereich von Flüssen oder in Küstenseen, die mitunter vom Meer überschwemmt werden.

Chitin: Hauptbestandteil des Panzers von Krebsen, Insekten, Tausendfüßern und Spinnentieren.

Destruent: Tier, das sich von abgestorbenem pflanzlichen oder tierischen Material ernährt und dieses in Mineralstoffe umwandelt.

Evolution: Prozess, in dessen Verlauf sich Tier- und Pflanzenarten über Jahrtausende und viele Generationen schrittweise an veränderte Umweltbedingungen anpassen, z. B. an eine neue oder aggressivere Fressfeinde. Dabei können sich wichtige Merkmale wie Tarnfarben oder Schutzpanzer entwickeln oder verändern. Mit der Zeit können gar neue Tierarten entstehen, andere, weniger anpassungsfähige wiederum aussterben oder sich so sehr verändern, dass sie den eigenen Vorfahren ganz unähnlich werden. Die heute lebenden Tiere und Pflanzen bilden nur einen »Zwischenstopp« der Evolution, auch sie verändern sich ständig weiter.

Familie: Einheit in der biologischen → Systematik.

Filtrierer: Tier, das seine Nahrung aus dem Wasser herausfiltert.

Fließgewässer: Oberflächliche Binnengewässer wie Bäche und Flüsse, die über lange Strecken fließen.

Fotosynthese: Einer der wichtigsten Abläufe in der Natur: Pflanzen fangen mit ihren grünen Blättern die Energie des Sonnenlichts ein und stellen damit aus Wasser und Kohlendioxid aus der Luft den Zucker Glukose her, den sie zum Wachsen benötigen. Dabei wird ein für uns lebenswichtiges Abfallprodukt an die Luft abgegeben: Sauerstoff.

Gattung: Einheit in der biologischen → Systematik.

Gewebe: Verband aus gleichartigen → Zellen wie Muskeln, Haut, Nerven, Organe bei Tieren. Bei Pflanzen: Rinde, Stammholz sowie Zellverbände der Blätter und Stängel.

Hermaphrodit: Lebewesen, das gleichzeitig weibliche und männliche Geschlechtsorgane besitzt. Anderes Wort für Zwitter.

Huminsäure: Säure aus Resten abgestorbener Pflanzen und Tiere, die sich im Boden sammelt.

Humus: Fruchtbare obere Erdschicht.

Indikator: Bezeichnung für Tier- oder Pflanzenarten, die nur dort vorkommen, wo besonders große oder sehr geringe Mengen bestimmter Stoffe im Boden oder im Wasser enthalten sind. Die Brennnessel wächst z. B. nur dort, wo viel Nitrat im Boden gelöst ist.

Kieme: Gut durchblutetes Atmungsorgan vieler im Wasser lebender Tiere (z. B. Kaulquappen, Fische, Insektenlarven, Muscheln und Schnecken). Der Sauerstoff wird direkt aus dem an den Kiemen entlangströmenden Wasser aufgenommen. Es gibt äußerlich sichtbare und versteckt gelegene Kiemen.

Klasse: Einheit in der biologischen → Systematik.

Kokon: Der Begriff hat in der Biologie zwei Bedeutungen. Er bezeichnet den oft aus Fäden gesponnenen Eibehälter von Insekten und Spinnentieren sowie die Seidenhülle, in die sich viele Insektenlarven bei der Umwandlung einspinnen.

Komplexauge: Auch als Facettenauge bezeichnetes, aus mehreren Einzelaugen zusammengesetztes Auge der Insekten.

Kontraktionswellen: Kontrahieren heißt zusammenziehen. Kontraktionswellen entstehen, wenn z. B. Schnecken die Muskeln ihres Fußes abschnittsweise zusammenziehen und entspannen, sodass auf dessen Oberfläche Wellen entstehen, die das ganze Tier vorwärtsbewegen. Kontraktionswellen sind aber auch im Darm sehr wichtig, wo sie den Nahrungsbrei vorwärts und später aus dem Körper hinaustreiben.

Laich: Eier von Amphibien, Fischen und wasserlebenden Schnecken.

Kronendach: Oberer Bereich eines Waldes, in dem die Zweige und Blätter der Bäume eine Art natürliches Dach bilden.

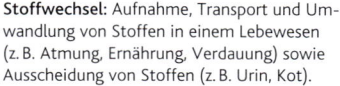

Metamorphose: Verwandlung von einer Larve zum erwachsenen Insekt. Die vollkommene Verwandlung geschieht in 4 Stufen: Ei, Larve, Puppe, Vollinsekt, so z. B. beim Schmetterling. Bei der unvollkommenen Verwandlung durchläuft das Insekt nach dem Schlupf aus dem Ei mehrere Larvenstadien, in denen es sich immer wieder häutet. Nach jeder Häutung wird es dem fertigen Insekt ähnlicher.

Ordnung: Einheit in der biologischen → Systematik.

Ornament: Muster auf der Haut, den Federn, Schuppen, Haaren oder Flossen von Tieren. Sie dienen dem Anlocken von Paarungspartnern oder dem Abschrecken von Fressfeinden.

Parasit: Lebewesen, das auf oder in einem anderen Lebewesen lebt und sich von dessen Blut, Gewebe oder Nahrung ernährt. Z. B. Bandwürmer, Leberegel, Flöhe, Läuse, Zecken.

Pedipalpen: Paarige Begattungsorgane der männlichen Spinnentiere.

Pheromon: Duftstoff, der der Verständigung innerhalb einer Art dient. Er kann Sexuallockstoff, Alarmstoff oder (Weg-) Markierung sein.

Plankton: Alle kleinen Tiere, Pflanzen und Pilze, die im Wasser schweben oder schwimmen.

Schlund: Rachen oder Maul eines Tieres.

Schwebstoffe: Im Wasser schwebende, kleine Teilchen, die Reste von Pflanzen oder Tieren sein können.

Segment: Körperabschnitt eines gegliederten Tiers (z. B. Regenwürmer, Schmetterlingsraupen).

Stamm: Einheit in der biologischen → Systematik. Oder: Dicker, holziger Teil eines Baumes zwischen Wurzeln und Ästen.

Stammzellen: → Zellen im Körper eines meist jungen Lebewesens, die in der Lage sind, jedes → Gewebe dieses Lebewesens zu bilden. Manche Tiere können mithilfe dieser Zellen verletzte oder verloren gegangene Organe ersetzen.

Stillgewässer: Nicht fließende Binnengewässer wie Teiche, Tümpel oder Seen.

Stoffwechsel: Aufnahme, Transport und Umwandlung von Stoffen in einem Lebewesen (z. B. Atmung, Ernährung, Verdauung) sowie Ausscheidung von Stoffen (z. B. Urin, Kot).

Systematik (biologische): Methode, um Tiere und Pflanzen in Gruppen einteilen zu können. Die kleinste einheitliche Gruppe ist die Art, darauf folgen Gattung, Familie, Ordnung, Klasse, Stamm und Reich. Zwischen diesen einzelnen Einheiten kann es auch noch Untergruppen wie z. B. Unterfamilie oder Überordnung geben. Die biologische Systematik ist eine vom Menschen vor langer Zeit aufgestellte Ordnung. Sie wird durch neue Forschungsergebnisse dauernd erneuert und verändert. Jedes bekannte Tier hat einen wissenschaftlichen Namen, der sich aus Art- und Gattungsnamen zusammensetzt und immer kursiv geschrieben wird. Z. B. heißt der 7-Punkt-Marienkäfer wissenschaftlich *Coccinella septempunctata*. Der Gattungsname steht vorn, der Artname hinten, er wird klein geschrieben.

Terrarium: Verschlossener Behälter zur Haltung kleiner Landtiere (meist Amphibien und Reptilien).

Trachee: Atmungsorgan der landlebenden Insekten, Spinnen und Asseln. Es besteht aus sich fein verzweigenden Röhren, die als Löcher an der Außenhaut beginnen und jedes Organ direkt mit Luft und damit auch mit Sauerstoff versorgen.

Ultraschalllaut: Sehr hoher Ton. Ultraschalllaute werden z. B. von Fledermäusen zur Orientierung abgegeben.

Virus (Mehrzahl: Viren): Erreger vieler gefährlicher Krankheiten für Tiere, Mensch und Pflanzen.

Wirbeltiere: Alle Tiere mit einer Wirbelsäule wie Säuge- und Beuteltiere, Fische, Amphibien, Reptilien und Vögel.

Zelle: Kleinste lebensfähige Einheit. Jedes Lebewesen besteht aus mindestens einer Zelle. Mehrzeller wie höhere Pflanzen und Tiere bestehen oft aus Milliarden von Zellen, die dann bestimmte Aufgaben übernehmen und sich z. T. stark voneinander unterscheiden (z. B. Haut-, Nerven-, Muskelzellen).

Auch in dieser Reihe erschienen:

978-3-89777-468-1

978-3-89777-996-9

978-3-89777-239-7

978-3-89777-997-6

Jeder Titel
€ 7,95 (D)
€ 8,20 (A)

moses.

Jörg Zink

Zum Abendmahl sind alle eingeladen

Warum ziehen die Kirchen Grenzen?

Kreuz Verlag

Inhalt

Der Tisch, das Mahl und die Gäste

Ein kostbares Erbe

Der Kirche, den Christen, ist auf ihrem Weg durch die Jahrtausende ein Erbe mitgegeben, ein reiches und kostbares, aus dem sie leben. Es muss ihnen wichtig sein, es zu bewahren, zusammen mit allen den Müttern und Vätern, die es in der langen Zeit gehütet, gedeutet und überliefert haben, um es ihren Kindern weiterzugeben. Es ist ein Symbol von großer Tiefe und Kraft.

Es ist andererseits von großer Einfachheit: Auf einem Tisch steht ein Teller mit Brot, dabei ein Glas Wein, und beide verbinden die Menschen, die um den Tisch stehen oder sitzen, zu einem schlichten Mahl. Ich wüsste nichts, das sie stärker verbinden, das sie stärker bewegen, erfüllen und heilen könnte als dieses einfache Essen.

Die Christen gehen ihren persönlichen Weg durch ihr Leben, die Kirche den ihren durch die Geschichte. Immer wieder brechen sie auf an einem neuen Morgen und zu einem neuen Tag. Immer wieder werden sie müde am Weg sitzen, immer wieder Mut fassen und aufbrechen. Und immer wieder werden

sie am Wegrand ein Haus finden und einen Tisch, auf dem Brot liegt und ein Becher Wein steht. Sie werden sich setzen und essen. Sie werden aufstehen und das nächste Stück ihres Weges unter die Füße nehmen.

Immer wieder werden sie, auf ihrem langen oder kurzen Weg, ratlos am Straßenrand sitzen und sich fragen, wo und wie denn die Wanderung weitergehen solle. Immer wieder werden sie auch verschiedener Meinung sein über die Richtung, in der sie gehen, über die Schritte, die sie setzen sollen. Aber immer wieder steht vor ihnen auch das Bild des Tisches, an dem sie gemeinsam das Mahl feiern werden, und es wird sie über Streit und Hader hinweg zu einer wandernden Familie zusammenführen.

Alles, was uns Christen kostbar ist, die Liebe des Christus, die Nähe Gottes, die lebendige Kraft des Geistes, unsere eigene Zugehörigkeit zu den Töchtern und Söhnen Gottes und die Zuversicht, dieses Leben werde ins Leben münden – es steht in diesem unüberbietbar einfachen Bild vor unseren Augen: ein Tisch. Brot und Wein. Und die Zusicherung: Ihr gehört zu mir! Ihr gehört zusammen! Kommt! Ich warte auf euch!

Alles aber wird für uns an der Sorgfalt gelegen sein, mit wir diesen Tisch bewahren für die Hungrigen und Durstigen unter unseren nächsten Menschen und für die Durstigen und Hungrigen dieser Erde. Was also wollen wir tun, um ihnen diesen Tisch zu decken, sie einzuladen und mit ihnen zusammen zu essen und zu trinken, so dass sie satt werden an ihrem Leib und an ihrer Seele?

Es gibt hoffnungsvolle Zeichen

Nun gibt es gute Gründe, von einer Wiederentdeckung des Abendmahls in den evangelischen Kirchen in den vergangenen Jahrzehnten zu sprechen. Es
wird heute in unzähligen Gruppen, Gemeinschaften
und Gemeinden landauf, landab auf neue, lebendige
Weise gefeiert, in freier Sprache, in festlicher Atmosphäre und in einer neuen persönlichen und spontanen
Nähe und Freundlichkeit. Unzählige bemühen sich
um neue liturgische Formen, um Farben und Symbole, und sie finden die Zustimmung vieler Menschen.
Die Zahl der Teilnehmer steigt erstaunlicherweise
auch in dieser Zeit zunehmender Kirchenfremdheit
eher an als dass sie fällt. Auf den Kirchentagen feiert
man liturgische Nächte und frei gestaltete Abendmahle mit Tausenden von Teilnehmern. Und es breitet sich
bei solchen Festen oft ein überwältigendes Gefühl von
Freude, Liebe und Dankbarkeit aus. Viele bringen ihre
Gefühle ein, ihre Einsamkeit auch, ihre Ängste, Träu-
me und Hoffnungen. Sie drücken, was in ihnen ist,
was in ihnen leidet oder glücklich ist, mit Singen aus,
mit Schweigen, Tanzen, Horchen und Meditieren und
wissen sich aufgehoben in einer großen, nahen und
bewegten Gemeinschaft von Christen. Lange Stunden
geben ihnen Zeit für ihre vielfältigen Gedanken und
Empfindungen, für die Begegnung mit dem nahen
Gott und mit vielen fremden Menschen, die plötzlich
so nah sind, und sie finden die Freiheit, das Ihre bei-
zutragen, zu sagen oder zu zeigen.

Auch die liturgische Erneuerung, die von kleinen
Zellen ausgeht, von Bruder- und Schwesternschaften

11

in aller Welt, von Taizé etwa, oder auch vom schöpferischen Nachdenken Einzelner haben uns aufs Neue deutlich gemacht, was wir an diesem alten Erbe haben und wie wir aus ihm leben können. In unzählige Gemeinden sind Impulse solcher Art eingegangen, unzählige Pfarrerinnen und Pfarrer, Mitarbeiter, Musiker und Laien wagen sich an Versuche, den traditionell eher bedrückenden Abendmahlsfeiern eine lebendige Gestalt, eine neue Sprache und eine tiefer gehende Wirksamkeit zu verleihen, und sie tun recht damit.

Unter kirchenleitenden Leuten haben vor einigen Jahrzehnten intensive Gespräche begonnen, die das Ziel verfolgen, die Trennungen zwischen den Konfessionen am Tisch des Abendmahls zu überwinden oder einander doch wenigstens zu erklären, was der Sinn der jeweiligen Besonderheit des Nachdenkens sei, und so einander näher zu kommen. Denn die Unterschiede sind ja natürlich und begreiflich. Unser menschlicher Verstand hat nun einmal keine Mittel, mehr als jeweils einzelne Aspekte eines Mysteriums fassbar zu machen. Mysterien kann man ahnen, schauen, feiern, man kann in ihnen leben, Kraft aus ihnen gewinnen, aber man kann kaum beschreiben, was es denn sei, das uns Kraft gibt. Und so kommen wir Menschen, seit es das Abendmahl gibt, immer wieder zu verschiedenen Deutungen. Unser Verstand ist nun einmal dazu verurteilt, das, was er bedenkt, genauer ausdrücken zu müssen, als er es wissen kann. Das ist so. Es ist immer so gewesen, und das dürfen wir einander, Katholiken und Protestanten, Orthodoxe und Frei-

kirchen, gerne zugestehen. Wer mit anderen spricht, wird zugleich reicher dabei.

Immerhin wird in unseren Tagen weniger gestritten als in früheren Zeiten. Heute denken wir ruhiger und gemeinsamer nach. Das Abendmahl wird immer weniger ein trennender Faktor und immer mehr eine Kraft der Integration. In Arnoldshain und Lima sind Erklärungen der Kirchen formuliert worden, die viele alten Gegensätze aufheben. Gott sei es gedankt: Diese Entwicklung geht weiter, und das Abendmahl gewinnt seinen eigentlichen Sinn, Menschen an einem gemeinsamen Tisch zu versammeln, neu. Das Evangelium, das an jedem solchen Tisch gesprochen, gehört und gelebt wird, beginnt sich heilend auszuwirken.

Lösen wir uns von dem, was vergangen ist

Wenn ich von dem rede, was wir überwinden müssen, dann gilt meine Aufmerksamkeit dem, was uns Evangelischen anhängt. Ich rede nicht von dem, was unsere katholischen Schwestern und Brüder hinter sich lassen sollen. Das müssen sie selbst finden. Ich habe die sechzigjährige Erfahrung mit dem evangelischen Abendmahl, und davon will ich reden. Dennoch würde ich mich freuen, wenn katholische und orthodoxe Leserinnen und Leser meine Gedanken und Vorschläge ernst nähmen. Bei allen konfessionellen Unterschieden haben wir es doch mit dem einen einigenden Sakrament zu tun. Oft hilft die Lichtbrechung einer fremden Konfession, bisher uner-

kannte Aspekte in der eigenen Tradition besser zu erkennen und sie gegebenenfalls auch zu revidieren.

Wenn ich mich an die Abendmahlsfeiern, die ich als Jugendlicher und noch bis in die fünfziger Jahre hinein erlebt habe, recht erinnere, dann legt sich über mich eine schwere Atmosphäre von Strenge, Angst und Traurigkeit. Ich schildere damit nicht alles, was damals in deutschen Kirchen zu erleben war, aber heute noch begegne ich Menschen, die diese Angst, diese Todesgedanken und diese Todestraurigkeit von ihren Gedanken an das heilige Mahl nicht lösen können. Und seit nun gut fünfzig Jahren höre ich die immer wiederkehrenden Klagen derer, die wir eigentlich zu einem Fest einladen möchten, über die Schwierigkeiten, die sie antreffen, wenn sie unserer Einladung folgen.

Noch immer liegt über unseren Abendmahlsfeiern ein Rest von Schwärze und von Steifheit, der vielen den Zugang schwer macht. Sie treten aus den Bänken zum Altar, unsicher, ob sie alles richtig machen, und sehen mehr nach den anderen als nach dem gemeinsamen Tisch. Sie fühlen sich öffentlich zur Schau gestellt und sind froh, wenn es überstanden ist. Die Orgel, die dazu spielt, erinnert an eine Kremation. Man hört: »Für deine Sünden in den Tod gegeben.« Man singt: »Ein Lämmlein geht und trägt die Schuld der Welt und ihrer Kinder.« Von einem Verrat ist die Rede. Von einem Todesurteil. Von Schmerz und Verlassenheit. Man singt: »Christe, du Lamm Gottes, am Stamm des Kreuzes geschlachtet.« »Ich, ich und meine Sünden, die sich wie Körnlein finden des Sandes an dem Meer, die haben dir erreget das Elend, das dich

schläget ...« »Ich bin's, ich sollte büßen an Händen und an Füßen gebunden in der Höll'...« »Ich will ans Kreuz mich schlagen ...« Aber wie soll man ein Fest feiern können, wenn ein anderer Mensch für einen geschlachtet worden ist? Muss einem da nicht die Lust zum Essen vergehen? Und ist das die Spiegelung der fröhlichen und zuversichtlichen Mahlfeiern, die Jesus in Galiläa mit Zöllnern und Sündern gefeiert hat?

»Wenn ich die trockene Hostie esse«, so höre ich eine Frau sagen, »dann denke ich nicht: ›Schmecket und sehet, wie freundlich der Herr ist‹, sondern wie trocken und ohne Geschmack.« Fragen tun sich auf. In einiger Ratlosigkeit werden sie gestellt. Was mag das bedeuten: »Das ist mein Leib«? Es wird mit so großer Bestimmtheit gesagt. Was verbirgt sich dahinter? »Für deine Sünden in den Tod gegeben«, was soll ich mir darunter vorstellen? Meine Sünden geschehen heute, dieser Tod geschah vor zweitausend Jahren. Wo liegt der Zusammenhang? »Der Leib Christi stärke dich zum ewigen Leben.« Wieso ein »Leib« ausgerechnet zum ewigen Leben? Es sind dies Fragen, die seit Jahrhunderten immer offen geblieben sind, trotz aller gut gemeinten Erklärungen. Und es sind Fragen, die dem quer liegen, der bereit ist, ein Fest zu feiern. Noch immer wirkt auch die dunkle Drohung nach, die in dem Wort des Paulus liegt oder zu liegen scheint, wer »unwürdig« zum Tisch des Herrn trete, der esse und trinke das Brot und den Wein »sich selber zum Gericht«. Muss ich also an mir selbst prüfen, ob ich in einem Zustand bin, einem moralischen oder einem religiösen, der mich würdig macht, teilzunehmen?

Auch an vielen anderen Stellen ist eine fatale Vergangenheit noch immer wirksam. Wenn wir fünfhundert Jahre zurückdenken, finden wir Abendmahlssitten und Abendmahlsordnungen, wie sie für einen Obrigkeitsstaat und eine Obrigkeitskirche typisch sind. Die Kirchenordnung in Württemberg von 1536 bestimmte: Sechsmal im Jahr muss jeder Bürger das Abendmahl feiern. Es ist am Sonntag vorher anzukündigen. Am Samstag findet eine Vorbereitungspredigt und Beichtversammlung statt. Die Abendmahlsgäste müssen sich persönlich anmelden. Sie werden mit der Höhe ihres Opfers in die Kommunikantenliste eingetragen, dann erst kann am Sonntagmorgen die Feier selbst mit Abendmahlsvermahnung, mit Beichte und Lossprechung beginnen. Das Abendmahlsverhalten war Einpassung in obrigkeitlich vorgegebene Verhaltensanforderungen. Staat und Kirche schrieben gemeinsam vor, man habe der Kirche als der zuständigen Gnadenanstalt anzugehören. Es war damals eine nicht weiter diskutierte kulturelle Selbstverständlichkeit, und die ist begreiflicherweise der großen Mehrheit in unserem Volk heute nicht mehr verständlich. Es war kein Fest, sondern ein Zwangsritual. Und so war in früheren Zeiten die Frömmigkeit weithin eine Frömmigkeit unter Polizeiaufsicht. Wer im Gottesdienst schlief, konnte von Aufsicht Führenden mancherorts mit einer Stange angestoßen werden. Wer in der Gottesdienstzeit arbeitete, zahlte Strafe. Die Pfarrer vertraten die Macht. Sie waren die Herren. Man begegnete ihnen mit Respekt oder mit gespielter Frömmigkeit, mit Hut-ab oder mit Hass.

Heute ist aller Außendruck, der zur Frömmigkeit zwang, beendet, und es liegt alles an dem persönlichen Wunsch und Willen des einzelnen Menschen. Der Obrigkeitsstaat hat einer offenen Gesellschaft Platz gemacht, und das bedeutet: Die Motivation, zum Abendmahl zu gehen, ist unsicher geworden oder sie kam ganz abhanden.

Da nun aber die liturgischen Ordnungen, nach denen heute das Abendmahl gefeiert wird, auf den alten Vorlagen von vor vierhundert oder fünfhundert Jahren oder auf noch älteren beruhen, da ihre Sprache fast durchweg noch die jener frühen Agenden und Formulare ist, drücken sie in mancherlei Hinsicht noch jenes Verhältnis zwischen Obrigkeit und Untertan aus, das früher galt und das heute auf keine Weise mehr gelten kann. Noch immer steht der Pfarrer in unseren evangelischen Kirchen groß am Altar. Noch immer ist er der einzige, der spricht. Noch immer müssen die Gemeindeglieder aus den Bänken treten und sich vor ihm versammeln, stumm und feierlich, um belehrt zu werden und um zu empfangen, was ihnen dargereicht wird. Und noch immer ist es weithin die Männergesellschaft, die sich als Herrschaftsordnung darbietet. Noch immer hat nicht jeder Pfarrer die Freiheit, vom vorgeschriebenen Wortlaut abzuweichen. Es gehört noch heute Mut dazu, eigene Ordnungen zu finden oder spontan und phantasievoll aufzunehmen, was eine versammelte Gemeinde an eigenen Wünschen und Anregungen einbringt. Und schnell gerät, wer das versucht, über jenen Rand hinaus, bis zu dem das »richtige« Abendmahl reichen kann. Freiheit aber ist nötig, wo Freude

17

und Festlichkeit einkehren sollen, wo die Mitwirkung aller, wo der Wunsch, teilzunehmen, wachsen und sich ausbreiten soll.

Frauen stellen wichtige Fragen

Nun sind es heute besonders Frauen, die ihre speziellen Erfahrungen und Bedenken anmelden. Es gibt heute eine Auseinandersetzung, zum Teil öffentlich, zum Teil intern in Gruppen und Gremien, die für unser gegenwärtiges Nachdenken über das Abendmahl ebenso wichtig ist wie für unsere Praxis in der Zukunft. Sie sagen, was ihnen an der Deutung und an unseren Feiern schwierig scheint, unzureichend, missverständlich oder überholt. Ihnen begegnen Gegenfragen. Das hat Sinn und ist notwendig. Ihnen begegnen Verständnis und Zustimmung. Ihnen begegnen aber auch Kritik, Misstrauen, Vorwürfe, Verdammungsurteile und Zurechtweisungen. Warum? Sie meinen, in der verbreiteten Empörung drücke sich eine alte Männerherrschaft mit ihrer Rechthaberei aus.

Dass hin und her argumentiert wird, ist gut. Es ist immer so gewesen, dass verschieden gedacht wurde. Es ist freilich auch immer so gewesen, dass, wer die geistige oder geistliche Herrschaft inne hatte, das meiste, was da neu sich meldete, erst einmal abzuwehren suchte. Wenn irgendetwas Neues unter der Sonne aus der Erde kommen wollte, hat man es fast immer als Unkraut verstanden und auszureißen versucht. Und man hat auf solche Weise die Wahrheit

öfter verloren als gefunden. Denn für neue Gedanken gibt es nie bewährte Maßstäbe, an denen sie zu messen wären. Sonst wären sie nicht neu. Es könnte aber nützlich sein, wenn der, der das Alte und Bewährte hüten will, sich Zeit nähme zuzuhören. Denn wenn es unter Geschwistern geschieht, dass der eine unter dem, was die anderen tun oder denken, zu leiden beginnt, dann ist allemal ein aufmerksames Gespräch angezeigt.

So fragen Frauen zum Beispiel: Sollen wir unter »Sünde« nur das verstehen, was man uns anhand der Zehn Gebote vorrechnet oder was man uns vorhält als Unglauben, als Lieblosigkeit, Ichbezogenheit oder Gottesfeindschaft? Gibt es nicht auch eine Art »Sünde der Verzagtheit«, die für verschüchterte, von Männern klein gemachte Frauen charakteristisch ist, die es überhaupt nicht mehr wagen, die Hand Gottes zu ergreifen? Müssen sie sich nicht erst einmal aufrichten? Oder sie fragen: Sollen wir nicht in dieser Welt des Todes den Spuren des Lebens nachgehen statt den allgegenwärtigen Spuren des Todes? Sollen wir nicht die Leidenschaft für das Leben wecken und die Freude an der uns geschenkten Lebendigkeit? Ist in unserer Kirche aber mit der gereichten Oblate nicht eher die Kargheit angezeigt als die Fülle? Steht man im heiligen Mahl vor Gott nicht eher als Angeklagter denn als sein Kind oder sein Gast? Sollen wir denn in dieser Feier aber nicht satt werden an Lebensfreude, sollen wir nicht Hoffnung schöpfen und Mut fassen? Soll nicht gelten: »Sprich nur ein Wort, so wird meine Seele gesund«? Wird im Neuen Testament doch von den Mahlzeiten der ersten Christengemeinde

erzählt, bei denen Reiche und Arme alles teilten, nicht nur ihre Nahrung, sondern auch ihre Hoffnung, ihre Freude über die Auferstehung ihres Meisters und über die, die ihnen selbst bevorsteht! Haben sie nicht den Geist Gottes gefeiert, der ihnen verliehen war? Und wie soll denn dies alles heute konkret zum Ausdruck kommen?

Wir werden eine Weile brauchen, wir Männer, um zu erkennen, wie wir dem antworten können.

Niemand kann einen anderen ausschließen

Noch ein weiterer Rest aus alten Zeiten: Es gab durch Jahrhunderte hin immer irgendeine Ordnung, nach der einzelnen Menschen die Teilnahme am Abendmahl verboten werden konnte. Sie wurden exkommuniziert, das heißt aus der Gemeinschaft ausgeschlossen. Diese Exkommunikation war nicht einmal nur eine Kirchenstrafe, sie sprach auch ein gesellschaftliches Urteil aus, und der Ausgeschlossene hatte auf vielen Ebenen bürgerliche Nachteile.

Es gab auch die Einrichtung des Interdikts, nach der im Mittelalter ganzen Städten und Landschaften untersagt werden konnte, das Abendmahl zu feiern. Und das bedeutete zugleich so viel politische Sanktion, dass damit ganzen Bevölkerungen nicht nur der richtige Glaube, sondern auch das richtige politische Verhalten aufgezwungen werden konnte. Es ist schon beklagenswert, mit Hilfe welcher Verbrechen an den Menschen die Kirche in ihrer Geschichte ihren Gliedern die Liebe zum heiligen Mahl ausgetrieben hat!

Und wenn wir bedenken, dass ein Katholik, der eine Protestantin oder eine aus der Kirche Ausgetretene heiratet, oder der sich scheiden lässt und wieder heiratet, noch heute an vielen Orten von der Teilnahme an der Eucharistie ausgeschlossen ist, dann steht uns anschaulich vor Augen, mit welcherlei Maßnahmen einzelne Kirchen das Abendmahl bis zum heutigen Tag um seinen Sinn bringen. Und ich kann nur vermuten, wie vielen evangelischen Pfarrern und Laien das Herz still stünde, müssten sie an einer katholischen Messe teilnehmen. Die Vergangenheit hat uns noch immer fest im Griff.

Für mich steht vor allem eins fest: Ein Christ, der unbedingt auf seinem Standpunkt stehen bleiben will, kann unmöglich auf dem richtigen Platz stehen. Das Leben von uns Christen ist nicht ein Stand, sondern ein Weg. Ein gemeinsamer, so wahr Jesus Christus das heilige Mahl gestiftet hat. Und unsere Zuversicht, dass wir das gemeinsame Ziel erreichen, beruht auf dem Evangelium, das wir vor allem dann verstehen werden, wenn wir es gemeinsam hören.

Was ist denn wichtig?

Wenn ich vor dem Tisch stehe, auf dem das Brot und der Wein angeboten werden, was ist dann wichtig? Entgegen dem, was wir an dogmatischen oder moralischen Antworten gelernt haben, ist die grundlegende Antwort erstaunlich einfach: Das Wichtigste ist, dass ich von Gott angenommen bin. Und zwar gerade in meinem schlechten Zustand. Wichtig ist, dass

sich Jesus an denselben Tisch setzt, an dem auch ich feiere, und dass er mit mir feiert. Wichtig ist, dass ich alles Missglückte und alles Missgetane und Missgedachte hinter mir lassen kann und dass ich an einem Tisch sitze mit allen anderen, die ebenfalls den ganzen Unrat ihres täglichen Lebens und Versagens hinter sich lassen dürfen. Wichtig ist, dass einer vor meinen Augen das Brot bricht und ich sehe: Selbst wenn mein Leben zerbricht oder zerbröckelt oder in Brosamen auseinander fällt, ist dieses Gebrochenwerden so tief sinnvoll, wie die Selbsthingabe des Christus sinnvoll und heilbringend war und ist. Wichtig ist, dass mir dabei deutlich vor Augen steht, dass mich alles Abnehmen und Sterben hineinführt in einen neuen Anfang von Leben. Wichtig ist die Wegzehrung und die Erfrischung auf dem Weg bis dahin. Wichtig ist der Zusammenhang zwischen dem Fest, das wir hier feiern, und dem Fest, das auf uns wartet. Wichtig ist, dass, wie Paulus es ausdrückt, Christus in mich eingeht, dass er in mir wächst, dass er meine kleine, unreine Menschengestalt überwächst und verwandelt und dass der Wein des Festes und das Brot des Opfers mich nicht nur erreichen, sondern dass ich sie leiblich in mich aufnehme, wie ich meinen Glauben und meine Hoffnung und meine Liebe zu Gott und den Menschen aufnehme und ihnen einen bereiteten Boden biete. Wichtig ist in allem, dass mir aufgeht, wie wenig meine eigenen Bemühungen wirken und wie entscheidend ist, was von Gott her an mir geschieht.

Ein Abendmahl, das dies alles ausdrückt und zum Leben bringt, ist gut und richtig. Ob es die »richtige«

Liturgie hat, ob es in der Kirche oder sonstwo stattfindet, ob die Menschen, die an ihm teilnehmen, sich die »richtige« Vorstellung von Leib und Blut Christi in Brot und Wein zurechtlegen oder nicht, ist unwichtig – hier, in dem, was wichtig ist, ist sein Ort, sein Sinn und seine Wahrheit.

Weniger wichtig scheint mir auch, was die Theologen an Gedankenkonstrukten über dem Abendmahl emporzutürmen pflegten und pflegen. Wie wäre es denn, wenn wir das, was wir für das Eingemachte halten, nämlich unsere beliebig vielfältigen und immer nur begrenzt maßgeblichen Gedanken über Brot und Wein, Leib und Blut, Sühne und Opfer, Sünde und Vergebung, vorsichtig eins ums andere hernähmen und gemeinsam bedächten, ehe wir urteilten? Wir würden bemerken, dass wir auf diesem Wege einander rascher begegnen als auf dem Wege des Verdiktes. Und wie wäre es, wenn wir, ehe wir diskutieren, das Abendmahl erst einmal miteinander feiern würden? Wir wären dann seinem Geheimnis und gewiss auch einander näher.

Dazu wird nötig sein, dass wir nicht bei den Details, sondern im Zentrum des Problems beginnen. Wir müssen uns klarmachen, wie es zu dieser Feier kam, was sie bedeutet, was an ihr gültig ist, was an ihr neu bedacht werden muss und was an ihr der Freiheit des einzelnen Christen, der einzelnen Christin, zu ihrer Gestaltung und Auslegung frei und offen steht. Wir wollen es versuchen.

Was die Geschichte von seiner Stiftung erzählt

Wie es zuging

Der Evangelist Markus berichtet: »Am ersten Tage der süßen Brote, an dem man das Passalamm schlachtet, sagten seine Jünger zu ihm: Wohin sollen wir gehen und vorbereiten, was nötig ist, damit du das Passa feiern kannst? Und Jesus sandte zwei von seinen Jüngern aus und sagte zu ihnen: Geht in die Stadt, dort wird euch ein Mensch begegnen, der einen Wasserkrug trägt. Folgt ihm, und wenn ihr an das Haus kommt, in das er hineingeht, dann wendet euch an den Hausherrn: Der Meister lässt dich fragen, wo ist der Raum, in dem ich das Passa essen kann mit meinen Jüngern? Er wird euch einen großen Saal zeigen, der mit Polstern versehen und vorbereitet ist. Dort richtet für uns zu. Die Jünger gingen, kamen in die Stadt und fanden alles, wie er ihnen gesagt hatte, und bereiteten das Passafest vor.

Als es Abend wurde, kam er mit den Zwölfen. Und als sie zu Tisch lagen und aßen, sprach Jesus: Wahr ist, was ich sage. Einer unter euch, der mit mir isst, wird mich verraten! Da wurden sie traurig und fragten ihn, einer nach dem anderen: Das bin doch

nicht ich? Und er sprach zu ihnen: Einer von den Zwölfen, der mit mir seinen Bissen in die Schüssel taucht. Ich gehe zwar hin, wie von mir geschrieben steht, wehe aber dem Menschen, der mich verrät. Es wäre für ihn besser, wenn er nie geboren wäre. Und als sie aßen, nahm Jesus Brot, dankte, brach es und gab es ihnen mit den Worten: Nehmt! Das ist mein Leib. Und er nahm den Kelch, dankte, gab ihnen den, und sie tranken alle daraus. Und er sprach zu ihnen: Das ist mein Blut, das Blut des Bundes, das für viele vergossen wird. Ich sage euch: Ich werde vom Gewächs des Weinstocks nicht mehr trinken bis zu jenem Tag, an dem ich aufs Neue davon trinken werde in Gottes Reich. Und als sie den Lobgesang gesungen hatte, gingen sie hinaus an den Ölberg« (Markus 14,12–26).

Dieser Bericht ist, was die wichtigsten Einsetzungsworte betrifft, knapper als der von Matthäus und der von Lukas. Matthäus fügt hinzu: »Trinket alle daraus. Das ist mein Blut des Bundes, das für viele vergossen wird zur Vergebung der Sünden.« Und Lukas: »Das ist mein Leib, der für euch gegeben wird. Das tut zu meinem Gedächtnis«, und: »Dieser Kelch ist der neue Bund in meinem Blut, das für euch vergossen wird.« Bei Markus also, dem ältesten Bericht, fehlen zwei Punkte, die für den Gedanken der Sündenvergebung durch den Tod Jesu später bestimmend geworden sind: die Vergebung der Sünden und das »Für euch«. Aber seine knappe Formulierung scheint den Worten, die Jesus wirklich gesprochen hat, näher zu sein. Die Tradition, auf die er zurückgreift, scheint schon kurz nach dem Tode Jesu formuliert worden zu sein.

Auf Überlieferungen, die schon unmittelbar nach dem Tode Jesu entstanden, geht aber nicht nur Markus zurück, sondern auch die Äußerungen des Paulus im ersten Korintherbrief. Ungefähr fünfundzwanzig Jahre nach dem Tod Jesu schreibt er:

»Beurteilt selbst, was ich sage: Der gesegnete Kelch, den wir segnen – ist der nicht die Gemeinschaft, die durch die Lebenshingabe (das Blut) des Christus gestiftet ist? Das Brot, das wir brechen, ist das nicht die Gemeinschaft, die wir im Leib des Christus (in Christus) und mit ihm haben? Denn es ist ja ein Brot, das wir essen. So sind wir vielen ein Leib, weil wir alle an einem (und demselben) Brot teilhaben« (1. Korinther 10, 15–17). Der »Leib« ist nach damaliger Vorstellung die »Person«.

Und er schreibt im darauffolgenden Kapitel von der Einsetzung dieses Mahls: »In der Nacht, in der er verraten wurde, nahm Jesus Brot, dankte, brach es und sprach: Das ist mein Leib für euch, tut das zu meinem Gedächtnis. Ebenso nahm er nach dem Mahl auch den Becher und sprach: Dieser Becher ist der neue Bund, der in meinem Blut (meiner Lebenshingabe) geschlossen wird. Das tut, so oft ihr's trinkt, zu meinem Gedächtnis. So oft ihr also dieses Brot esst und aus dem Becher trinkt, verkündigt ihr den Tod des Herrn, bis er kommt« (1. Korinther 11, 23–26).

Jesus schließt also an den Bund an, den viele Jahrhunderte zuvor Gott mit dem Volk der Israeliten in der Wüste geschlossen hatte, und stiftet einen neuen Bund. Er feiert diesen neuen Bund mit Danksagung und stiftet das Gemeinschaftsmahl, das die Seinen zu einem Leib zusammenschließen soll. Da nun Paulus

an etwas erinnert, das der korinthischen Gemeinde »bekannt« sei, liegt das von Paulus Zitierte noch ein gutes Stück näher an der Ursituation des Abschiedsmahls Jesu und dürfte einen Wortlaut wiedergeben, der in den damaligen Gemeinden als gemeinsames Gut überliefert wurde.

Ob das letzte Abendmahl wirklich ein Passamahl war? Die drei ersten Evangelisten schildern es so. Aber man ist sich unter den Forschern nicht einig und spricht lieber von einem »Abschiedsessen«. Das war es in jedem Fall, ob Passa oder nicht. Und auf alle Fälle war es ein Fest der Vorfreude auf das kommende Gottesreich und auf das Mahl, das Jesus und die Seinen dort miteinander feiern würden. Es zeigte aber auch an, dass zwischen diesem Abschiedsessen und dem kommenden Fest aus irgendeinem Grunde ein Opfer des Lebens nötig war.

Später freilich, nachdem die Auferstehung geschehen und erlebt war, wurde diese Hoffnung zum bestimmenden Merkmal. Als man zurückblickte auf den Karfreitag, aber auch auf Auferstehung, Himmelfahrt und Pfingsten, lag der doppelte Glanz der geschehenen Todesüberwindung und der Hoffnung auf das Gottesreich über dem gemeinsamen Mahl. In der Apostelgeschichte wird erzählt: »Sie blieben aber beständig in der Apostel Lehre und in der Gemeinschaft und im Brotbrechen und im Gebet ... Sie waren täglich einmütig im Tempel und brachen das Brot hin und her in den Häusern, nahmen die Speise in fröhlichem Überschwang und in der Schlichtheit des Herzens.« Auf das Gedächtnis des Todes fiel das Licht der Gegenwart des auferstandenen Christus,

wie es ja auch geschah, als die Jünger von Emmaus nach der Auferstehung Christus an der Weise erkannten, »wie er das Brot brach«.

Wenn nun die Forschung überwiegend der Meinung ist, die überlieferten Worte Jesu bei dem letzten Mahl seien bereits so stark vom Nachdenken der Gemeinde nach Ostern geprägt, dass nicht mehr feststellbar sei, wie sie ursprünglich gelautet haben können, so sind doch auch andere Hinweise überliefert, die den Sinn der Stiftungsworte deuten. Wenn Jesus vor dem Mahl den Jüngern die Füße wäscht, so weist er mit dieser Geste auf einen Dienst an den Menschen hin, den er mit seinem Tode zu leisten bereit sei. Wenn andererseits das Abendmahl ein Passamahl gewesen sein sollte, so hatte nach der Ordnung dieses Festes jeder seinen eigenen Becher, aber Jesus reicht den seinen im ganzen Kreis der Tischgenossen herum, und es ist deutlich, was er damit sagen will: Hier tue ich etwas für euch alle. Es weist alles in dieselbe Richtung wie die der gesprochenen Worte. Das Wort »das ist mein Leib« bedeutet nach der Weise der hebräischen Sprache so viel wie: »Das bin ich.« Das Wort »dieser Becher ist der neue Bund in meinem Blut« meint: Es ist der Bund, der durch meine Lebenshingabe gestiftet wird. Der Gesamtsinn ist allemal deutlich: Jesus gibt sich in den Tod, damit andere, die »vielen« oder »wir«, das Heil finden und eine neue Gemeinschaft zwischen Gott und den Menschen gestiftet werden kann. Dass Jesus seinen Tod als ein »Sterben für andere« verstanden hat, scheint in jedem Fall gewiss.

Wer waren die Gäste am Tisch?

Zunächst waren es die zwölf Männer seines engsten Kreises. Nun ist die ganze Passionsgeschichte hindurch immer wieder davon die Rede, es seien in der Begleitung Jesu auch Frauen gewesen. In Betanien, am Tag vor dem Einzug in Jerusalem, waren nach Johannes 12, 1–8 Maria und Martha selbstverständlich anwesend, nach Markus 1,43 »eine Frau«. Später folgten ihm die Frauen auf dem Weg seiner Passion bis zu seinem Tod und zu seinem Begräbnis, zur Salbung seines Leichnams und bis hin zur ersten Erfahrung seiner Auferstehung, während die Männer längst das Weite gesucht hatten.

Es war aber offenbar üblich, von anwesenden Frauen nicht zu sprechen. Von der Speisung der Fünftausend in Galiläa sagt Markus: »Es waren fünftausend Männer.« Und Matthäus fügt an, wie nebenbei: »Es waren fünftausend Männer – die Frauen und Kinder nicht mitgezählt.«

Wir nehmen wie selbstverständlich an, dass nur Jesus und die Zwölf versammelt waren. Aber es gibt gute Gründe, daran zu zweifeln. Müssen wir uns nicht fragen: Wo bleiben Maria Magdalena, wo Maria, die Mutter des Jakobus, wo Salome und die anderen? Können wir uns vorstellen, dass Jesus, der eine so bemerkenswert unmittelbare Gemeinschaft mit Frauen pflegte, sich nur von den Männern unter den Seinen verabschiedet hätte? Oder haben die Evangelisten, wie es üblich war, eben nur von den Männern gesprochen? Das wäre im Sinne der damaligen Sitte normal; es hat freilich Folgen gezeigt, die

verhängnisvoll sind bis zum heutigen Tag: Es leistete der Auffassung Vorschub, als Empfänger von Brot und Wein eigneten sich vor allem Männer, und zum Gastgeber und Spender der Sakramente an eine Gemeinde, der auch Frauen angehörten, hätten nur Männer die Vollmacht. Alle Argumente von katholischer und orthodoxer Seite gegen das Priestertum der Frau basieren auf dieser Annahme. Aber wenn die Frauen und andere Jünger beim originalen Abendmahl nicht dabei waren, mit welchem Recht hat die nachösterliche Gemeinde sie dann trotzdem zum Mitfeiern und zum Empfang der Elemente zugelassen?

Bei der Fußwaschung sagt Jesus zu Petrus: »Wenn ich dich nicht wasche, hast du keine Gemeinschaft mit mir.« Sollten die Frauen aus dieser Gemeinschaft mit dem Jesus, der sich in den Tod gab, ausgeschlossen gewesen sein? Nein. Ich stelle mir einen größeren Kreis von Anhängern und Freunden, Männern und Frauen, vor, dessen Kern freilich die Gruppe der zwölf Männer gewesen ist, und eine Reihe von neueren Forschungen bestätigen diese Vermutung.

Und wie steht es mit dem Abendmahlssaal? Wir stellen uns herkömmlicherweise einen mittelgroßen Raum vor, in dem Jesus mit den Jüngern zusammenkam. Markus 14,15 aber ist von einem »großen Saal« die Rede. Und da wir annehmen müssen, dass es für die Gemeinschaft um Jesus in Jerusalem keinen weiteren Saal gegeben hat, dann waren nach Ostern immerhin 120 Menschen dort versammelt, »samt den Frauen und Maria« (Apostelgeschichte 1, 13–15). Mir scheint auch, Jesus selbst deute diesen

größeren Kreis an, wenn er auf die Fragen, wer das denn sei, der ihn verraten würde, antwortet, als wolle er den Kreis der Infragekommenden eingrenzen: »Einer von den Zwölfen« (Markus 14,20). Er meint einen, der im Unterschied zu den übrigen Gästen an demselben Tisch aß, an dem Jesus das Mahl einnahm, und der also die Hand mit ihm »in die Schüssel tauchte«.

Stellen wir uns aber das letzte Abendmahl als Passamahl vor, dann wäre eine Feier allein unter den Männern ein schwerer Bruch mit der jüdischen Tradition gewesen, denn nach 2. Mose 12,3 wurde und wird das Passa ausdrücklich als Familienfest gefeiert.

Ein Hintergrund: die Gastmahle in Galiläa

In der herkömmlichen Lehre vom Abendmahl wurde noch mehr übersehen: Wenn die Gemeinde später, nach Ostern, an das letzte Mahl Jesu mit seinen Freunden anschloss, so erinnerten sie sich auch zugleich an die Gastmahle, die diesem letzten Mahl vorausgingen. Für sie war das eucharistische Mahl in der Regel verbunden oder auch identisch mit einem gemeinsamen Sättigungsmahl, und sie schlossen damit an die vielen Mahlzeiten mit Jesus während seiner Wirksamkeit in Galiläa an.

In den Ostergeschichten des Lukas lesen wir dazu eine wichtige Notiz: Nach ihrer Begegnung mit dem auferstandenen Christus erzählen die beiden Jünger von ihrem Abendessen mit einem fremden Mann und wie sie ihn erkannt hätten an der »Weise, wie er

das Brot brach« (Lukas 24,35). Es muss also an der »Weise, wie Jesus das Brot brach«, etwas Besonderes gewesen sein, etwas Charakteristisches, und es muss ihnen durch die immer wiederkehrende Wiederholung bei ihren Mahlzeiten mit ihm eindrücklich gewesen sein, wie Jesus das Brot in die Hand nahm und es an seine Gäste weitergab.

Das Wort dürfte weit zurück in die Zeit des gemeinsamen Lebens und Wirkens in Galiläa verweisen. Von dort wird zum Beispiel erzählt: »Er gebot der Menge, dass sie sich alle in Tischgemeinschaften auf dem grünen Gras lagerten ... Er nahm die fünf Brote und die zwei Fische, sah auf zum Himmel, dankte, brach die Brote und gab sie den Jüngern mit der Weisung, sie sollten sie unter die Menschen verteilen. Und sie aßen alle und wurden satt« (Markus 6,35–42).

Diese Geschichte wirkt so, als fasse sie alle die Mahlzeiten, die Jesus in Galiläa mit seinen Jüngern hielt, wie in einem großen Symbol zusammen. Damit aber wird auch deutlich, dass es sich bei der Übung Jesu, das Brot zu brechen, nicht um einen besonderen, sondern einen sehr normalen Vorgang gehandelt hat. In den Ländern im Umkreis der Bibel lag kein Gewicht auf dem Frühstück. Das erste Essen gab es in der Regel irgendwann um die Mittagszeit. Aber die eigentliche Mahlzeit, die die Familie zusammenführte, fand am Abend statt. Man wusch das Gesicht und die Hände und wohl auch die Füße. Und oft stand am Anfang eine einladende Geste des Hausherrn: Er brach einen Brotfladen und sprach ein Gebet, etwa dies: »Gesegnet seist du, Herr, unser Gott, König des Alls, der du das Brot aus der Erde wachsen lässest.«

Bei Jesus muss diese Geste des Brotbrechens aber etwas Besonderes an sich gehabt haben, so dass die Jünger ihn an dieser Besonderheit erkennen konnten. Nicht das tägliche Mahl also war etwas Besonderes, sondern der Segen am Anfang, der bei Jesus von seiner Vorfreude auf das kommende Gottesreich geprägt gewesen sein muss, von dem besonderen Anspruch, mit dem er auftrat.

Solche Mahle wurden oft auch mit Würdenträgern aus den Dörfern, mit vielen verschiedenen Leuten aller Herkunft gefeiert, vor allem aber mit den Zöllnern, das heißt den mit den Römern zusammenarbeitenden Kollaborateuren, und mit Sündern, also Menschen, die zum Teil aus Gründen ihrer Armut, zum Teil sicher auch aus Gleichgültigkeit gegenüber den Vorschriften der Gesetzeslehrer die Bestimmungen des Gesetzes nicht einhielten, also auch mit denen, die in der damaligen Gesellschaft als randständig galten.

Jesus also lud Menschen ohne Unterschied ein, jeden, der kommen wollte. So in Matthäus 9, 10–13. Er unterschied nicht zwischen den Würdigen und den Unwürdigen, zwischen den Gerechten und den Ungerechten, sondern sammelte in ihnen allen ein neues, geschwisterlich lebendes Gottesvolk. Er stiftete eine Gemeinschaft als Bild für eine festliche Zukunft. Denn die Mahle bildeten das kommende Reich Gottes ab. Sie waren erfüllt von Geselligkeit und Fröhlichkeit, so sehr, dass sie mit ihrer Festfreude bei den Bedächtigeren und Strengeren in ihrer Umgebung Anstoß erregten. So sagte man über Jesus: »Schaut ihn an! Ein Fresser und Weinsäufer! Ein

Kumpan von Ausbeutern und Gesetzlosen!« (Matthäus 11, 16–19) Diese Gastmahle zeichneten eine große und leuchtende Hoffnung in das oft triste Leben der versammelten Menschen ein. Ein tröstliches Bild von der bedingungslosen Güte Gottes. Und so hat Jesus diese Versammlungen immer wieder mit einem Hochzeitsmahl verglichen, einer Hochzeit zwischen Gott und den Menschen, sich selbst aber mit dem Bräutigam, der seine Braut, die Gemeinschaft feiernder Menschen, heimführt. Wenn er während des Abendmahls von dem »neuen Bund« sprach, dann stand dahinter das sehr alte Bild von Gottes Bund mit jenem Israel, das eine »Braut Gottes« war: Eine Ehe gleichsam wurde geschlossen zwischen Gott und den Menschen, die engste aller Verbindungen. Und die Mahlfeiern waren der Beginn dieser Gemeinschaft.

Was aber musste an den Eingeladenen sich zuvor ändern? Nichts. Keiner musste eine Beichte aussprechen, keiner eine Bußgesinnung zeigen, keinem mussten seine Sünden erst vergeben werden, so dass er würdig gewesen wäre teilzunehmen. Vielmehr wurde er einfach eingeladen. Mit seiner Einladung sagte der Gastgeber schlicht und einfach: »Du gehörst zu mir. Ich möchte mit dir feiern. Es ist alles gut. Komm!« Denn in jener Zeit bedeutete die Tischgemeinschaft eine Ehrung des Gastes. Man bot ihm Frieden an und hielt diesen Frieden ein. Man schloss mit ihm Bruderschaft. Und die Einladung durch den Hausherrn bedeutete, dass der Gast teilbekam an der Gottesbeziehung des Gastgebers. Ist der Gastgeber, wie Jesus, mit Gott sozusagen im Reinen, so ist es auch der Gast.

Die Einladung ist die Sündenvergebung

An der Stelle, an der für uns in der Feier des Abendmahls die Vergebung der Sünden steht, steht also für Jesus die Einladung. Die Menschen werden von Jesus mit einer einfachen, einladenden Geste gewürdigt, als Glieder des Gottesvolks einzutreten und mitzutrinken und mitzuessen. Wenn zum Beispiel Zachäus (Lukas 19, 1–10) nur zeigt, dass ihm an Jesus von ganzem Herzen gelegen ist und dass er ihn sehen will, ist er sofort gewürdigt, Gastgeber zu sein und zugleich Gast des Mannes aus Nazaret. Es liegt bei ihm viel Schuld vor, kein Zweifel. Aber von dieser Schuld ist erst am Ende die Rede, oder eigentlich nicht einmal von Schuld, sondern von Wiedergutmachung. Das Mahl selbst findet statt ohne irgendwelche Erwähnung von Schuld und Vergebung. Sie ist für das Mahl nicht erheblich. Wichtig ist allein der sehnsüchtige Mensch Zachäus.

Wenn wir hier über das Abendmahl nachdenken, können wir von diesen Gastmahlen vor allem in Galiläa nicht absehen. Wir dürften dann zum Beispiel die Beichte und die Sündenvergebung während des Abendmahls nicht so sehr ins Zentrum des Geschehens rücken, wie wir es von jeher tun. Wir werden des Todes Jesu gedenken, aber vor allem seiner Auferstehung. Wir werden vor allem unserer Vorfreude und Zuversicht Ausdruck geben auf die Heimkehr an den Tisch, der uns im Reich Gottes bereitet ist. Unser Abendmahl wird ein Fest sein, an dem das geschwisterliche Gottesvolk seine Erlösung und die Erlösung der Welt feiert.

Johannes der Täufer war ein Verkündiger des Gerichts gewesen. Jesus, der sich als der Letzte verstand, ehe das Gottesreich hereinbrechen werde, war ein Verkündiger der Liebe Gottes, seines unbedingten Vergebungswillens und der Freude auf das nahe Gottesreich. In dem Maße aber, in dem die Ablehnung spürbar wurde, mit der die Oberen und viele im Volk auf ihn und seine Botschaft reagierten, trat ein Widerspruch heraus, der dem Auftrag Jesu eine neue Richtung gab. Nun konnte Jesus seine Liebe zu den Armen und Verachteten von Galiläa nur noch darin zum Ausdruck bringen, und er hielt seine Sendung damit durch, dass er – in den sogenannten Leidensweissagungen kommt es zum Ausdruck – die Richtung einschlug auf sein Sterben für sie.

Ein zweiter Hintergrund: die Gleichnisse und die Heilungen

In den Gleichnissen, die Jesus – zum Teil wohl bei solchen Mahlzeiten – erzählt, kehrt dieselbe Freiheit des Einladenden und dieselbe Einbeziehung des Gastes wieder. So erzählt das Gleichnis vom verlorenen Sohn davon, wie einer nicht nur gegen alle Sitte seinen Vater zwingt, ihm sein Vermögen vorzeitig herauszugeben, nicht nur davon, wie er es in einem liederlichen Lebenswandel verschleudert, und nicht nur davon, wie er dann bei Schweinen, das heißt bei den Gottlosen und Verstoßenen endet, und nicht nur von seiner durch die Not erzwungenen Einsicht und Rückkehr, sondern vor allem davon, wie dieser ver-

kommene Mensch sofort mit Freuden und mit Ehren und mit einem Fest aufgenommen wird. Er will zwar von seiner Schuld reden – schließlich will er ja bei seinem Vater als Knecht arbeiten, da ist dies sehr empfehlenswert –, aber als er ankommt, lässt der Vater ihn mit seiner Beichte gar nicht erst zu Wort kommen, er verlangt keine Wiedergutmachung, vor allem verlangt er von niemandem, dass er stellvertretend für die Schuld des jungen Mannes aufkomme; er ist das Kind seines Vaters, und damit ist alles klar. Der Gerechtigkeitssinn des Bruders, der Sühne will, erscheint dagegen als Versagen.

Das Gleichnis ist natürlich eine Deutung der Tischgemeinschaft Jesu mit den »Sündern«, denen er für ihre Aufnahme keinerlei Beichte, Buße oder Wiedergutmachung abverlangt. Das Gleichnis erklärt, wer am Tisch Jesu Platz findet: nämlich jede und jeder, gleichgültig, woher und in welchem Zustand er oder sie kommt.

So erzählt Jesus auch in seinen übrigen Gleichnissen, wie einfach das Verhältnis eines Menschen zu Gott neu gestiftet werden könne. Im Gleichnis vom Pharisäer und Zöllner genügt es, dass einer sagt: »Gott, sei mir Sünder gnädig!« So ist er »gerechtfertigt«, das heißt, er wird als ein gerechter Mensch angesehen. Das verlorene Schaf wird nicht gescholten, weil es weglief, sondern es wird vom Hirten auf die Schulter genommen, und er freut sich, dass er es wiedergefunden hat.

Wollen wir herausfinden, was Jesus wirklich gemeint und gewollt habe, so müssen wir nach den Worten von ihm suchen, die mit den Geschichten

übereinstimmen, die über ihn erzählt werden, und mit dem, was er konkret getan hat. Hier ist ein solcher Punkt.

Es ist immer dasselbe Bild: Jesus geht auf die Menschen zu, die im Abseits leben. Er tut es in unbegrenzter Liebe, und eben mit diesem Weg zu denen am Rand und mit seiner überlegenen Liebe stört er die anderen, die auf Ordnung sehen. Mit dieser Liebe weckt er ihren Argwohn, ihr Misstrauen, ihre Gegnerschaft und endlich ihren Hass. Jesus gibt also mit eben dieser Güte allen gegenüber sein persönliches Ansehen preis, seine Glaubwürdigkeit, seine Sicherheit und weiß dabei, dass all dies in eine Sackgasse führen wird, aus der es für ihn keinen Ausweg gibt als die Hinnahme des Todes. Er lebt für diese Menschen, und es ist durchaus nichts Neues, wenn beim Abendmahl gesagt wird, sein Tod geschehe »für die vielen«. Das aber heißt nach J. Jeremias und anderen im Sinne des semitischen Sprachgebrauchs so viel wie »für alle«. Dieser Tod ist die Konsequenz aus dem, was er gelebt hatte.

Die Mahlzeiten, die Jesus in Galiläa feierte, hängen auch mit der langen Reihe von Geschichten eng zusammen, die davon berichten, er habe kranke Menschen geheilt. Er selbst deutet ein solches Mahl mit eben seiner Aufgabe zu heilen. Während des Mahls, von dem Matthäus 9, 9–13 berichtet wird, fragen die Pharisäer die Jünger: »Warum isst euer Lehrer mit den Zöllnern und Sündern?« Als das Jesus hörte, sprach er: »Die Gesunden brauchen keinen Arzt, sondern die Kranken.«

Es ist nicht immer klar auszumachen, ob sich, was

Jesus tat, als Heilung oder als Sündenvergebung abspielt. So in der Geschichte Lukas 7, 36–50, wo einfach aus der Tatsache, dass die Frau zu Jesus kommt und ihn in ihrer Liebe und Verzweiflung salbt, hervorgeht, dass sie also zur Liebe fähig ist, dass Gott ihr viele Sünden vergeben hat und sie als ein veränderter, geheilter Mensch das Haus wieder verlässt. Es ist nicht alles deutlich, aber es ist bemerkenswert einfach.

Die Heilungen Jesu aber waren immer leibliche und geistliche Vorgänge zugleich. Sie bewirkten Heil, indem sie die Menschen äußerlich gesund machten und innerlich integrierten und sie also in den Stand setzten, zu dem heilen und zuversichtlichen Volk zu gehören, das Jesus um sich sammelte. Das Anstößige daran war für seine rechtgläubigen Zeitgenossen dies, dass er die Kranken nicht nach den Sünden fragte, die nach Auffassung mancher frommer Juden die Ursache ihrer Krankheit waren, wie ja auch die Jünger angesichts eines blind geborenen Menschen fragten, wer denn nun hier gesündigt habe, er selbst oder seine Eltern (Johannes 9,2). Das Anstößige war, dass Jesus dem Kranken, dem man durch das Dach Zugang zu ihm verschafft hatte, schlicht und einfach seine Sünden vergab und ihn heilte (Matthäus 9,1–3). Es war einfach die Zuwendung einer gütigen Liebe, die das Ärgernis erregte, das wir als die direkte Ursache für den Hass ansehen dürfen, der am Ende in seinen Tod führte. Es war das einfache: »Ich bin für euch da.« »Ich lebe für euch.« »Ich nehme alle die Nachteile und Gefahren auf mich, die mit meiner Liebe zu euch verbunden sind.«

Dass Jesus die sogenannten »Leidensweissagungen« (»Ich muss viel leiden und von den Ältesten und Hohenpriestern und Schriftgelehrten verworfen und getötet werden«) nicht selbst gesagt habe, sondern dass sie ihm von der Gemeinde nach Ostern in den Mund gelegt worden seien, hätte man nie behaupten dürfen. Für wie naiv müssen wir Jesus halten, wenn wir meinen, diese Konsequenz hätte ihm nicht ständig vor Augen gestanden!

Diesen Hintergrund können wir heute, wenn wir über den Sinn des Todes Jesu nachdenken, nicht mehr aussparen. Was Jesus im Tode tat, tat er schon während seines Lebens. Er gab sein Ansehen, seine Wirkungsmöglichkeiten, seine Sicherheit schon während seines Lebens hin, damit die Ärmsten und Verdorbensten als Kinder Gottes leben konnten, damit sie heil wurden an Leib und Seele, damit sie sich sammeln konnten zum heiligen Volk der Geschwister. Indem er sich für sie einsetzte, gab er sich an sie hin. Er nahm schon auf seinen Wegen durch die Dörfer seiner Heimat das Brot und teilte es. So wurde er selbst zum Brot des Lebens für Ungezählte. Und am Ende deutete er den Sinn seiner ganzen Lebensarbeit, indem er das Brot nahm und sagte: »Das bin ich!« Indem er die Seinen aufforderte, ihm zum Gedächtnis dasselbe zu tun, was er tat: nämlich selbst zu Brot zu werden für die, die kein Brot haben ohne ihn und ohne uns.

Warum musste Jesus sterben?

Warum Jesus sterben musste, ist für unser Thema eine sehr wichtige Frage. Denn die Antworten, die der Katechismus gibt, sind in aller Regel zu einfach. Wir müssen also einen kleinen Umweg gehen.

Es ist nicht deutlich, wer seinen Tod wollte

Die Passionsgeschichte erwähnt im Zusammenhang mit dem Prozess Jesu mehrere Namen. Da war Hannas, die graue Eminenz der Tempelhierarchie. Da war Kaiaphas, der amtierende Hohepriester. War er es, der den Tod Jesu wollte? Oder wollte ihn Pilatus, der römische Gouverneur? Wollte ihn das jüdische Gesetz? Wollte ihn das Volk, wer immer das gewesen sein mag? Oder wollte ihn Jesus selbst? Wollte ihn Gott? Oder gar, wollte ihn jener dunkle Mechanismus, den Jesus die »Macht der Finsternis« nennt?

Noch einmal: Wollten ihn die Priester, weil ihnen Jesus der Gotteslästerung schuldig schien oder weil sie um den Glauben und die Lebensordnungen ihres Volks fürchteten? Wollte ihn Pilatus, weil Jesus irgendeinen unklaren Anspruch auf irgendeine Art von Königtum zu erheben schien und weil es ihm da

auf einen gekreuzigten Juden mehr oder weniger nicht ankam?

Wollte Jesus selbst seinen Tod, weil er ihn in der Heiligen Schrift vorgezeichnet sah und weil er nur auf diesem Weg mit seinem Auftrag in Übereinstimmung bleiben konnte? Wollte ihn Gott, mit dessen dunklem Willen sich Jesus im Garten Getsemane einverstanden erklärt hatte? Oder die »Macht der Finsternis«, die er bei seiner Gefangennahme am Werk sah? Wollte ihn das »Volk«, das sein »Kreuzige ihn!« skandiert haben soll?

Die Antwort auf diese Fragen ist keineswegs nur von historischem Interesse – das auch –, sie ist aber vor allem deshalb entscheidend, weil durch sie je nachdem, wie sie ausfällt, der Tod Jesu eine jeweils andere Bedeutung erhält. Und es ist bei dieser Ausgangslage kein Wunder, dass in der Gemeinde nach dem Tod Jesu die verschiedenartigsten Deutungen gefunden worden sind und wir bis heute die Wahl haben, welche Deutung wir für die zutreffendste halten möchten.

Also noch einmal: Waren es die führenden Leute am Tempel, die auf den Tod dieses Mannes aus Nazaret hinarbeiteten? Das Gleichnis von den »bösen Weingärtnern«, das wir nicht gut Jesus selbst absprechen können, spricht von denen, die das Recht und den Kult im »Weinberg Israel« verwalten (Matthäus 21,33–42). Die letzten Reden Jesu in Jerusalem zielen allesamt in diese Richtung. Die Kluft zwischen ihm und den Amtsträgern am Tempel muss am Ende unüberbrückbar gewesen sein.

War es das Volk? In der Passionsgeschichte wird erzählt, das »Volk« habe sich in der Nacht und am

42

sehr frühen Morgen vor dem Palast des Pilatus versammelt. Ist das wahrscheinlich? Wer kann sich, nachdem die Gefangennahme Jesu heimlich stattfand und sich unter Ausschluss der Öffentlichkeit abspielte wie auch der Teil des Prozesses, der vor Hannas und Kaiphas begann, mitten in der Nacht zusammengerottet haben? Mir scheint, dies könne allenfalls eine kleinere Gruppe von Anhängern der Priesterschaft gewesen sein. Das Volk war sicher gespalten in Anhänger und Gegner, und es scheint mir nicht wahrscheinlich, dass es, wie bei uns unermüdlich gepredigt wird, dieselben Leute waren, die beim Einzug in Jerusalem »Hosianna« und vor Pilatus »Kreuzige!« riefen. Vorsicht ist auch deshalb geboten, weil die Nennung des jüdischen »Volks« in diesem Zusammenhang der Ausgangspunkt für unendlich viel christliches Unrecht an den Juden gewesen ist bis hin zu den ungeheuren Verbrechen von Auschwitz und anderswo. »Ihr habt Jesus umgebracht«, schrien Schulkinder in der Hitlerzeit gegen ihre jüdischen Mitschüler, und dieser Aberwitz hatte durch lange Geschichtsepochen hindurch System. Zudem: Hätte das »Volk« den Tod Jesu gewollt, so hätte sich die Gefangennahme nicht bei Nacht und Nebel abgespielt, sondern in aller Öffentlichkeit oben im Tempel.

Andererseits setzen wir auch Kaiphas besser nicht für das »jüdische Volk«, wie manche Kreise, denen an jüdisch-christlicher Aussöhnung gelegen ist, unermüdlich denen vorwerfen, die von der Beteiligung des Kaiphas statt von der Hauptschuld des Pilatus reden. Wenn ich sage, Napoleon sei ein blutiger Egomane gewesen und schuldig am Leiden und

Tod von Massen von Menschen, dann sage ich das nicht von »den Franzosen«. Und ich sage zudem nicht, es habe für Kaiaphas nicht redliche Gründe gegeben, Jesus vor Gericht zu ziehen.

Das Volk der Juden ist in seiner Geschichte der letzten zweitausend Jahre so oft in die Rolle der Gekreuzigten gezwungen worden, dass es sehr nahe liegt, es in der Rolle des Christus selbst wiederzuerkennen, wenn etwa Marc Chagall 1944 eine winterliche Dorfstraße malt, an deren Seite Kreuze stehen, und wenn für ihn an diesen Kreuzen Juden hängen oder schon 1938 Christus mit einem jüdischen Gebetsmantel als Lendenschurz, während die Häuser und die Synagoge brennen. Also bitte: Das Volk der Juden haftbar zu machen für den Tod des Jesus von Nazaret offenbart eine Gesinnung, die der »Sippenhaftung« des Nationalsozialismus sehr genau entspricht.

Aber weiter: Wer war schuld? War es Pilatus? Dieser Römer hat das Todesurteil gefällt und unterschrieben. Er hatte politisch und juristisch das Sagen. Ob er von sich aus zu der Entscheidung gekommen wäre, dürfen wir offen lassen. Jesus wurde ihm als Aufrührer präsentiert, und Aufrührer hinzurichten lag immerhin innerhalb seiner Amtspflicht. Offiziell wurde Jesus von ihm als einer verurteilt, der bereit war, sich gegen die römische Besatzungsmacht zum König der Juden zu erheben.

Hinter Pilatus stand für Jesus aber mehr: der Wille des Vaters. »Du hättest keine Macht über mich, wenn sie dir nicht gegeben wäre von meinem Vater« (Johannes 19,11), sagt Jesus zu ihm. Er war offenbar

überzeugt, Gott selbst habe ihm seinen Weg so bestimmt, hinter allem Schrecklichen, das ihn erwarte, stehe also der Wille Gottes, und es komme darauf an, sich diesem Willen zu fügen, wie im Garten Getsemane geschehen. Die Menschen aber, die ihm während seines Prozesses gegenüberstanden, die Priester, der Gouverneur, die Folterknechte, die Soldaten, seien nichts weiter als Handlanger seines Vaters im Himmel, und es habe wenig Sinn, sich mit ihnen in lange Diskussionen einzulassen. Und so hat Jesus während der ganzen Verhandlungen fast nur geschwiegen.

Die Leidensweissagungen sprechen von einem frühen Einverständnis Jesu mit seinem Todesschicksal. Er sah in ihnen irgendeine Notwendigkeit. Ein »Muss«. Dieses Muss sei in der Heiligen Schrift angesagt, und es müsse erfüllt werden. »Von der Zeit an begann Jesus seinen Jüngern zu zeigen, wie er nach Jerusalem gehen und viel leiden müsse von den Ältesten und Hohenpriestern und Schriftgelehrten, getötet werden und am dritten Tag auferstehen« (Matthäus 16, 21). Und es erscheint mir sehr charakteristisch, dass er in Vers 26 fortfährt: »Was könnte es dem Menschen helfen, wenn er die ganze Welt gewönne und doch Schaden nähme an seiner Seele?« Heißt das nicht: Ich bleibe nur dann mit meinem Auftrag eins, wenn ich diesen Weg gehe?

Danach aber spitzt sich die Frage, wer denn diesen Tod wollte, in der Erzählung von der Gefangennahme Jesu im Garten in gefährlicher Weise zu. Jesus hatte kurz zuvor darin seine Festigkeit gefunden, dass er den Willen seines Vaters übernahm und sich

entschloss, ihn zu erfüllen. Als aber die bewaffneten Häscher ihn festnahmen, sagte er etwas ganz anderes, nämlich: »Dies ist eure Stunde und die Macht der Finsternis« (Lukas 22, 53). Arbeitete also Gott mit der Macht der Finsternis zusammen? Oder gab er für das letzte Stück, das Jesus auf dieser Erde zu gehen hatte, das Heft aus der Hand? Wessen Wille also geschah? War die »Macht der Finsternis« Gottes Werkzeug und Jesus das Opfer dieses dunklen Willens aus dem Gegenreich der Finsternis? Oder stand die Macht der Finsternis für eine dunkle Seite in Gott selbst? Wir werden kaum eine Antwort finden. Uns muss aber deutlich sein: Für Jesus stand sein Tod auch im Schatten eines dunklen, zerstörerischen, gottfeindlichen Willens. Das »Warum hast du mich verlassen?«, das er im Tod hinausschrie, begann schon im Garten Getsemane, wie auch das Entsetzen darüber, dass hier etwas geschehen musste, das zu seinem Auftrag an den Menschen in offenbarem Widerspruch stand. Das dunkle Rätsel des Kreuzes, in das für uns Christen alles Dasein in dieser Welt getaucht ist, stand schon Jesus vor der Seele. Und vor diesem Rätsel, vor dieser Generalaussage über das Dasein des Menschen in der Welt und über das Herz des Menschen selbst, wird die Frage, wer denn nun die Hauptschuld trage am Tod Jesu, recht unwichtig. In ihm drückt sich aus, was über die Existenz des Menschen vor Gott und vor den Mitmenschen überhaupt und insgesamt zu sagen ist.

Der Prozess Jesu war ein legales Verfahren

Mir scheint, von einem Fehlurteil oder von einem Justizskandal zu reden, wie auch ich selbst es gelegentlich getan habe, sei zu einfach. Auf den Angriff, den Jesus mit der Austreibung der Händler oder mit seinen Worten über die baldige Zerstörung des Tempels gegen den Tempel richtete, und auf seine Angriffe gegen die Priesterschaft stand nach jüdischem Recht die Todesstrafe (so 5. Mose 17,12). Und gar, dass Jesus diesen Angriff (»Ich werde den Tempel zerbrechen!«) im Namen und Auftrag Gottes zu führen beanspruchte, also Gott lästerte (siehe 5. Mose 18,20), ließ ein anderes Urteil durch den Hohen Rat gar nicht zu. Es standen von mehreren Seiten her Notwendigkeiten in die Szene herein, über die die Beteiligten sich nicht einfach hinwegsetzen konnten.

Der Prozess Jesu war ein ernsthaftes, ein legales Verfahren. Er rückt damit aus der Zufälligkeit von Justizirrtümern und aus dem Umkreis eines kleinen Rachebedürfnisses von beleidigten Autoritäten hinaus in einen weitaus größeren Rahmen. Wichtig bleibt dabei die Frage, wo denn für uns der Ton liegen könne und worin die Notwendigkeit dieses Todes wirklich bestand. Je nachdem jedenfalls, wen sie als den eigentlich Handelnden ansahen, haben die späteren Gemeinden und Berichterstatter ihre verschiedenen, zum Teil erheblich auseinanderliegenden Deutungen des Todes Jesu gefunden. Und diese Deutungen gaben dann ihrem Glauben an Jesus Christus, den erhöhten Herrn, ihr jeweils besonderes Gepräge. Denken wir nur daran, was geschieht, wenn die

Schuld bei den Menschen liegt: Dann wird Jesus zu dem wehrlosen Opfer ihrer Willkür, und es gilt, sich mit ihm zusammen oder ihm nach auf den Weg des Martyriums zu begeben. Liegt aber die Schuld bei der Macht der Finsternis, dann wird Christus zum Heros, der die Fahne des Sieges über Tod und Teufel auf dem Grab aufpflanzt, der überlegene Kämpfer gegen Hölle und Satan. Liegt die Ursache für diesen Tod in Gottes Willen, dann kann Christus zum Lamm werden, das Gott, der große Hohepriester, opfert, oder auch zum Priester, der sich selbst im Gehorsam gegenüber dem Willen Gottes zum Opfer bringt. Und jeweils ändert sich nicht nur das Bild von Christus, sondern auch der Sinn seines Todes.

Was sagt er selbst?

Man geht in der Forschung heute überwiegend von dem Standpunkt aus, Jesus sei sich schon seit den Auseinandersetzungen in Galiläa über sein Schicksal im Klaren gewesen, und es gehe nicht an, ihn als so lebensfremd und so unfähig, seine Lage einzuschätzen, darzustellen, dass er diese Entwicklung nicht wahrgenommen hätte. Er konnte unmöglich seine scharfen Angriffe gegen zentrale Interessen der herrschenden Schichten seines Volks führen und dabei annehmen, die Getroffenen würden sich nicht zu wehren wissen. Er konnte unmöglich übersehen, dass, was in der Schrift etwa über die Tötung von falschen Propheten zu lesen ist, gegen ihn angewandt würde, so zum Beispiel

3. Mose 24,15 ff, 4. Mose 15,30 oder 5. Mose 13,1–10. Wir lesen also:

»Seht, wir gehen hinauf nach Jerusalem, man wird mich den Hohenpriestern und den Schriftgelehrten ausliefern. Die werden mich zum Tode verurteilen und an die Römer übergeben. Die werden mich verspotten und anspeien und geißeln und töten, und nach drei Tagen werde ich auferstehen« (Markus 10,33–34 und öfter).

An vielen anderen Stellen kommt diese Sicht seiner Zukunft zum Ausdruck: »Fürchtet euch nicht vor denen, die den Leib töten, die aber die Seele nicht töten können« (Matthäus 10,28).

»Wer mir nachfolgen will, der verleugne sich selbst. Er nehme sein Kreuz auf sich und folge mir nach. Denn wer sein Leben erhalten will, der wird es verlieren. Und wer sein Leben verliert für mich und das Evangelium, der wird es erhalten. Denn was hülfe es dem Menschen, wenn er die ganze Welt gewönne und Schaden nähme an seiner Seele?« (Markus 8,34–36), das heißt an seiner Person und seinem Auftrag.

»Wer groß sein will unter euch, der soll euer Diener sein, und wer der Erste sein will, soll euer aller Knecht sein. Denn auch ich (der Menschensohn) bin nicht gekommen, um mir dienen zu lassen, sondern um zu dienen und mein Leben als Lösegeld zu geben für viele« (Markus 10,43–45).

Oder was mag es denn an Alternativen zu einem gewaltsamen Tod für den gegeben haben, der Sätze sagte wie diesen: »Ich bin gekommen, um ein Feuer anzuzünden auf der Erde, und was wollte ich lieber,

als dass es schon brennte! Aber ich muss zuvor (!) eine Taufe erleiden, und wie bin ich in Ängsten, bis sie durchgestanden ist!«(Lukas 12,45–50).

Oder: »Ich muss heute weiterziehen und morgen und übermorgen, denn es geht nicht an, dass ein Prophet anderswo umkommt als in Jerusalem!« (Lukas 13,33)

Alle diese Äußerungen, jedenfalls ihren Kern, Jesus abzusprechen, geht wohl nicht an.

Spätestens aber in Jerusalem, seit seinen Angriffen auf die Praxis des Opferkultes, auf den Tempel und die Priesterschaft, musste ihm sein bevorstehender Tod vor Augen stehen. Wenn er beim letzten Mahl sagt: »Ich werde nicht mehr vom Gewächs des Weinstocks trinken, bis ich es aufs Neue trinken werde im Reich Gottes« (Markus 14,25; Lukas 22,18), dann blickt er auf seinen Tod hin und über seinen Tod hinaus zugleich, denn dann wird das Reich Gottes kommen, auch wenn man ihn tötet. Und es könnte auch etwas darin liegen wie die Hoffnung, das Reich Gottes komme gerade durch seinen Tod. Und wenn dies mitgedacht war, dann könnte Jesus seinen Tod verstanden haben als ein Mittel, von Gott den Einbruch des Reiches Gottes auf dieser Erde zu erreichen. Dann aber hat Jesus damit gerechnet, dass er nicht sterben, sondern in letzter Minute vor seinem Tode durch den Einbruch des Gottesreiches gerettet werde. Und dann liegt in dem Schrei: »Mein Gott, warum hast du mich verlassen« die niederschmetternde Erkenntnis, dass er wirklich zu sterben habe und dass das Reich Gottes nicht komme.

Wenn wir aber Jesaja 53, das Lied vom leidenden Gottesknecht, beiziehen, so ergibt sich ein ähnliches Bild: Dann hat Jesus seinen Tod als ein Gericht verstanden, das über alle verhängt ist, das er aber stellvertretend für alle zu übernehmen habe. War sein Tod in diesem Sinn unvermeidlich, dann könnte er seinen Weg nach Jerusalem angetreten haben mit der Absicht, die geistlichen und weltlichen Machthaber zum tödlichen Schlag gegen ihn herauszufordern, damit das Gottesreich komme.

Auch wenn wir auf solcherlei Vermutungen verzichten und schlicht an die selbstverständliche Konsequenz seines lehrenden und heilenden Wirkens in Galiläa denken, musste Jesus klar sein, dass sein vorbehaltloser Weg zu den religiös am Rand stehenden Menschen und die dazu notwendige Missachtung religiöser Vorschriften auf die Dauer die Kluft zu den Angesehenen und Etablierten, den Reichen und Führenden unüberbrückbar machen würde, dass also seine bedingungslose Güte zu den Erniedrigten ihn in Gegensatz bringen würde zu denen, die »oben« waren. Denn sehr leicht wird, nicht nur bei Jesus, sondern überall, wo eine große und überzeugende Liebe aufstrahlt, diese Liebe als Angriff auf bestehende Ordnungen empfunden und mit Hass beantwortet. Der Weg der Hingabe, den Jesus um der Erniedrigten und Beleidigten seines Volks willen ging, musste tödlich enden, und der Tod, der am Ende stand, war von vornherein und nicht erst durch Deutungen hinterher ein Tod »für die vielen«, das heißt für alle.

Die erste Gemeinde nach Ostern gibt ihre Deutungen

Jesus, der »leidende Gerechte«

Als die Christen nach dem Tod Jesu und nach ihren Ostererfahrungen zu ergründen suchten, warum dieses Schicksal über Jesus und dieses Unglück über sie alle gekommen sei, da griffen sie zu den Schriften des Alten Testaments, ihrer damaligen Bibel. Und so fanden sie in Psalm 22 das Leiden eines Gerechten, der von sich klagte:

> »Sie haben meine Hände und Füße durchstochen.
> Ich kann alle meine Knochen zählen.
> Sie aber schauen zu und sehen auf mich herab.
> Sie teilen meine Kleider unter sich
> und werfen das Los um mein Gewand.«
> Markus 15,24

Freilich, dieser Gerechte wurde gerettet und dankte Gott nach der Ordnung des damaligen Dankopfermahls. Wenn aber diese Rettung für Jesus in seiner Auferstehung geschah, dann rückten für die erste Gemeinde der Tod Jesu, die Abendmahlsszene, die Auferstehung und das neue Leben auch der Gemeinde

zu einem Bild zusammen, und die Passion wurde erträglich. Sie konnte von Weisheit 5 aus gedeutet werden, wo es heißt:

> »Wir hielten sein Leben für unsinnig
> und sein Ende für ehrlos.
> Wie konnte er nur zu den Söhnen Gottes
> gezählt werden?«

Und:

> »Die Gerechten aber werden ewig leben,
> und Gott ist ihr Lohn.«

Oder sie zitierten Psalm 16,8–11, so in Apostelgeschichte 2,25–28.

Aber das konnte nie das Ganze sein, denn jenes entscheidende »Für euch« kam so nicht zum Ausdruck. Danach fanden sie die Lieder vom Gottesknecht in Jesaja 52 und 53, und sie gaben eine weitere Deutung. Immer wieder wird im Neuen Testament ein Gedanke aus diesen Liedern zitiert, etwa die folgenden Stellen:

> »Er hat unsere Schwachheiten
> auf sich genommen.«
> Jesaja 53,4 und Matthäus 8,17

> »Er ist um unserer Missetat willen verwundet
> und um unserer Sünden willen zerschlagen.
> Die Strafe liegt auf ihm,
> damit wir Frieden hätten,
> und durch seine Wunden sind wir geheilt.«
> Jesaja 53,5 und 1. Petrus 2,24

Der »Gottesknecht« war der hingerichtete Heilige, der in seinem Sterben für die eintrat, die an seinem Tod die Schuld trugen, und der ihnen die Chance gab, von dieser Schuld befreit weiterzuleben.

Aus dem Alten Testament ging für die erste Gemeinde auch der Gedanke hervor: Da das Schicksal Jesu in vielen Andeutungen dort vorgezeichnet, prophetisch vorweggenommen sei, habe es keine Wahl gegeben: Der Tod Jesu sei von langer Hand vorausbestimmt und also unausweichlich gewesen, ja notwendig.

»Musste (!) nicht Christus alles das leiden?«

fragt der Auferstandene selbst in Lukas 24,26 die Jünger von Emmaus. Und sie begreifen dabei, dass das entscheidende Ereignis nicht der Tod war, sondern die Auferstehung, in deren Licht ihnen Jesus erschien.

Aufgrund solcher Ankündigungen in der Heiligen Schrift formuliert schließlich Paulus eine Art von Glaubensbekenntnis:

»... dass Christus starb für unsere Sünden
nach den Schriften,
dass er begraben wurde,
dass er auferweckt wurde am dritten Tag
nach den Schriften
und dass er erschien dem Petrus,
danach den Zwölfen ...«
1. Korinther 15,3–5

So hat die frühe Kirche wohl schon unmittelbar nach dem Tode Jesu begonnen zu bekennen, dass Jesus »für uns« gestorben sei. Wenn wir es ihr aber nachsprechen möchten, werden wir bemerken, dass damit noch nichts erklärt und verstanden ist. Denn eben zu diesem »Für uns« hat es immer mehrere Deutungen gegeben, die nebeneinander gegolten haben und die auch wir Heutigen auseinander halten müssen, wollen wir sagen, was eigentlich wir damit meinen.

Bildworte zum Verständnis

Von solchen und ähnlichen alttestamentlichen Gedanken aus öffnet sich ein breiter Spielraum für allerlei Verständnishilfen, die zeigen konnten, was mit dem »Für uns« gemeint sei.

Man sprach danach von »Versöhnung«, von »Erlösung«, von »Loskauf«, von »Gefangenenbefreiung« von »Schuldentilgung«, vom »Opferlamm«, von »Begnadigung«, von »Einpflanzung« oder von »Heimführung« und meinte immer den gleichen Vorgang: nämlich, was mit uns Menschen geschehen sei durch den Tod und die Auferstehung Jesu.

»Versöhnung« meinte: Wie der verlorene Sohn im Hass gegen seinen Vater weglief und vom Vater gütig wieder aufgenommen wurde, so werden wir mit Gott versöhnt. »Loskauf« meinte: Wie Sklaven auf dem Markt dadurch frei werden können, dass einer für sie bezahlt, so hat Christus für unsere Freiheit bezahlt. »Gefangenenbefreiung« meinte: Wie Gefan-

gene von irgendeiner Macht eingeschlossen und von einem von außen kommenden Kämpfer befreit werden, so haben wir die Freiheit von den Mächten dieser Welt erlangt. *»Schuldentilgung«* meinte: Wie ein Mensch ohne Aussicht, je bezahlen zu können, vor dem Berg seiner Schulden steht und der, dem er sie schuldet, sie ihm erlässt, so hat Gott in Christus für uns gehandelt. *»Opferlamm«* meinte: Wie im Tempelkult ein Schaf geopfert wird, damit der Mensch, für den das geschieht, seiner Sünden ledig wird, so ist Christus für uns gestorben. *»Begnadigung«* meinte: Wie ein Angeklagter verurteilt wird, weil er sein Urteil verdient hat, danach aber das Staatsoberhaupt ihn begnadigen kann und freilassen, so haben wir von Gott die Gnade des Freispruchs erlangt. Oder es entsteht überhaupt das Bild vom *»Gericht«*. Der Satan spielt die Rolle des Anklägers. Der Verteidiger, der Anwalt, ist der Geist Gottes, der Richter ist Christus. Und dieser Richter wird uns gnädig sein, weil er selbst die dem Angeklagten zustehende Strafe übernommen hat.

Das Neue Testament ergeht sich, wenn es den Tod Jesu deutet, in vielen Bildern und Vergleichen. In keinem von ihnen aber spiegelt sich das Ganze so genau, dass alle anderen entbehrlich würden. Es sind Versuche, in bildhafte Vergleiche zu fassen, was so unfassbar im Geheimnis des Willens Gottes verborgen liegt.

Zuletzt kommt noch ein Bild hinzu, in dem sich etwas Entscheidendes umkehrt. Am Tempel in Jerusalem wurden, dem Gesetz entsprechend, täglich Opfer gebracht, Schafe, Rinder, Tauben. Man war

überzeugt, die Sünden der Menschen erregten den Zorn Gottes, und es bedürfe des ausfließenden Bluts der geopferten Tiere, um ihn zu versöhnen und die Sünden der Menschen zu tilgen. Das Tier starb sozusagen stellvertretend für den Menschen, der eigentlich seinen Tod verdient hatte. Wollte man aber diese Vorstellung und diese Opferpraxis auf Jesus übertragen, so musste eigentlich das Opfer am Tempel beendet werden oder beendet sein, denn es war ja durch den Tod Jesu sinnlos geworden.

Nun war die Urgemeinde nach dem Bericht der Apostelgeschichte durchaus mit dem Tempel und seinem Opferkult verbunden. Der Tempel war kein feindliches Gebiet, sondern mit seinen Gottesdiensten und Opfern eine Stätte des Feierns und des Dankens. »Sie waren täglich einmütig beieinander im Tempel«, lesen wir Apostelgeschichte 2,46. Und in Apostelgeschichte 21,20 steht die bemerkenswerte Aussage: »Du siehst, Paulus, wie viel tausend Juden gläubig geworden sind, und alle sind Eiferer für das Gesetz.« Und diese Aussage zeigt uns die Struktur und Denkweise noch der christlichen Gemeinde um das Jahr 58! Um diese Zeit kann der Gedanke von der Versöhnung Gottes durch das Opfer des Christus noch nicht zum gemeinsamen Glaubensgut der Christen gehört haben.

Aber dann kam nach dem Tod Jesu die zweite Katastrophe: Im Jahr 70 ging der Tempel in Flammen auf. Die Römer zerstörten Jerusalem, und die Gottesdienste am Tempel nahmen ein plötzliches Ende. Wer vollzog nun das Opfer, das vor Gott darzubringen war? Die Antwort des Hebräerbriefs ist: Christus

tritt an die Stelle des Hohenpriesters, er hat das einzige, das einzig entscheidende Opfer gebracht, nämlich sich selbst (Hebräer 9,12 und öfter). Andere finden die Antwort: Gott hat Jesus geopfert, wie man ein Schaf schlachtet. Jesus ist das Lamm, das für unsere Sünden sterben muss, und er bleibt es bis ans Ende der Welt (so Offenbarung 5,6a und öfter). Für diesen Glauben bedarf es entweder der Begründung, dass die christliche Gemeinde sich inzwischen vom Tempel distanziert habe, oder der anderen Begründung, dass der Tempel nicht mehr bestand. Gemeinsames Gut der Kirchen kann er also erst spät geworden sein.

In alledem liegt der Hinweis auf eine mindestens vier Jahrzehnte während Entwicklung. Wir wollen ihr noch genauer nachgehen. Dazu wählen wir vier biblische Autoren und ihre je besonderen Vorstellungen.

Am ältesten scheint das Traditionsgut, das Markus verarbeitet hat. Ähnlich alt ist das, was Paulus, wie er selbst sagt, »empfangen« hat. Spätere Erkenntnisse finden wir bei Lukas, und besondere Überlegungen stellt als Letzter Johannes an. Gehen wir die Reihe entlang.

Der älteste Bericht: der des Markus

Das Markusevangelium wurde erst ums Jahr siebzig herum geschrieben. Aber es enthält Überlieferungen, die von Anfang an Gemeingut der Christen waren. So auch die Passionsgeschichte, die zu den ältesten Texten des Neuen Testaments gehört.

Wir lesen dort, wie schon zitiert: »Und als sie aßen, nahm Jesus das Brot, dankte und brach es, gab es ihnen und sprach: Nehmt! Das ist mein Leib! Und er nahm den Kelch, dankte und gab ihnen den; und sie tranken alle daraus. Und er sprach zu ihnen: Das ist mein Blut des Bundes, das für viele vergossen wird. Wahr ist, was ich sage: Ich werde vom Gewächs des Weinstocks nicht mehr trinken bis an den Tag, an dem ich aufs Neue davon trinken werde im Reich Gottes« (Markus 14,22–25).

Wie Jesus mit Brot und Becher verfährt und was er dazu sagt, gehört für Markus in den Zusammenhang eines Passamahls. Es wird von Jesus als Passamahl geplant. Das Datum ist genau, das Passa jenes Jahres fiel auf den 14. Nisan, der am Abend des Donnerstags begann. Markus 14,20 ist die Schüssel mit dem Fruchtmus erwähnt. 14,26 wird das Singen des Passalobs genannt. Das Hauptmahl wird mit dem Brotritus eröffnet. Es wird wie bei jedem Passa Wein getrunken. Auch dass Jesus nicht nach Betanien zurückkehrt, sondern im Gebiet der Stadt bleibt, wie es für die Passanacht vorgeschrieben war, weist darauf hin, dass Markus ein Passamahl beschreibt.

Dieser Bericht, der besagt, es habe sich um ein Passamahl gehandelt, stammt mit hoher Sicherheit aus dem Kreis der Urgemeinde von Jerusalem.

Nun gab es eine – wenig bekannte – jüdische Sitte beim Passa. Unter einer Decke wurde ein Stück ungesäuerten Brots verborgen. Zu Beginn der Mahlzeit brach man ein Stück davon ab und verteilte es unter die Gäste. Damit war gesagt: »Jetzt beginnt das Passa.« Am Schluss des Essens holte man den ande-

ren Teil des verborgenen Brots hervor und verteilte es unter die Gäste. Damit war gesagt: »Nun endet das Passaessen.« Dieses Brotstück trug den Namen Afikoman, was auf Deutsch heißt: der Ankommende (so Pinchas Lapide, Schalom Ben Chorin). Man aß dieses Brot also in Erwartung des »Kommenden«, des Messias. Vielleicht – wir wissen wenig davon – erhellt daraus das Wort der Einsetzung des Brots, das ja im Grunde lautet: »Das bin ich«, und das zu sagen scheint: Ich bin der Ankommende, der Messias, und dieser Messias wird für euch sterben.

Mit dem Becher, den Jesus seinen Jüngern anbietet, ist nach der Passaordnung der dritte Becher gemeint, der in Erwartung des Messias getrunken wurde, und Jesus verbindet auch diesen mit seinem bevorstehenden Tod: Dieser Messias wird sterben. Zugleich wird dieses Wort der Deutung mit 2. Mose 24,8 verbunden, wo Mose das Volk mit Opferblut besprengt und sagt: Das ist das Blut des Bundes. Gottes Bund, das heißt seine Selbstverpflichtung seinem Volk gegenüber, ist die Sündenvergebung, durch die Israel zu einem neuen Volk wird. Das Mahl am Abend des Passa wurde also zum Zeichen für das kommende Mahl, das die Menschen mit Gott feiern werden und das die Urgemeinde in der Tat in der Vorfreude auf das himmlische Mahl gefeiert hat.

Danach folgen drei wichtige Deutungen:

Die Deutung des Paulus:
Christus, der Versöhner

Paulus betont mehrfach, was er etwa fünfundzwanzig Jahre nach Jesu Tod sage, sei eine Überlieferung, die er selbst empfangen habe.

»Als erstes habe ich euch weitergegeben, was auch ich empfangen habe: Dass Christus gestorben ist für unsere Sünden nach der Schrift, dass er begraben wurde und auferstanden ist am dritten Tage nach der Schrift und dass er gesehen worden ist von Petrus, danach von den Zwölfen« (1. Korinther 15,3–5).

»Ich habe von dem Herrn empfangen, was ich euch weitergegeben habe: Der Herr Jesus nahm in der Nacht, in der er verraten wurde, das Brot, dankte, brach es und sprach: Das ist mein Leib, der für euch gegeben wird. Das tut zu meinem Gedächtnis. Desgleichen nahm er auch den Kelch nach dem Mahl und sprach: Dieser Kelch ist der neue Bund, der durch mein Blut gestiftet wird; das tut, so oft ihr daraus trinkt, zu meinem Gedächtnis. Denn so oft ihr von diesem Brot esst und aus diesem Kelch trinkt, verkündigt ihr den Tod des Herrn, bis er kommt« (1. Korinther 11,23–26).

Hier wird deutlich, dass Paulus das letzte Mahl gerade nicht nach Art eines Passamahls deutet, sondern dass ihm die Gestalt des Abendmahls vor Augen steht, wie es zu seiner Zeit in den christlichen Gemeinden landauf, landab gefeiert wurde.

Was aber mag gemeint sein mit »für euch«? Es kann heißen »zu euren Gunsten«. Es kann aber auch heißen »stellvertretend für euch«. Es kann also heißen: euch zugute, so dass ihr das Leben findet. Oder auch: an eurer Stelle, die ihr eigentlich den Tod verschuldet habt. In beiden Fällen liegt darin eine Überlieferung, die längst vor Paulus bestand.

Des Paulus eigene Überzeugung aber kommt Römer 5,8–10 zum Vorschein, wo er diese Formel in den Wortcode »Versöhnung« fasst: »Wenn wir mit Gott versöhnt wurden durch den Tod seines Sohnes, als wir noch mit ihm verfeindet waren, um wie viel mehr werden wir selig werden durch sein Leben, nachdem wir nun versöhnt sind.« Oder sie kommt zum Ausdruck in 2. Korinther 5,17-21: »Wer in Christus ist, ist ein neues Geschöpf. Das Alte ist vergangen. Alles ist neu geworden ... denn Gott war in Christus und versöhnte die Welt mit sich selber, er rechnete den Menschen ihre Sünden nicht zu und gab uns den Auftrag, für Versöhnung zu wirken. So bitten wir nun an Christi Statt: Lasst euch versöhnen mit Gott.«

Eine weitere Auslegung dieses Gedankens liegt in den Versen 14 und 15: »Die Liebe des Christus drängt uns, zumal wir überzeugt sind, dass, wenn einer für alle gestorben ist, sie alle gestorben sind. Und er ist darum für alle gestorben, damit die Lebenden künftig nicht sich selbst leben, sondern dem, der für sie gestorben und auferstanden ist.«

Wenn aber Paulus von Versöhnung spricht, so liegt der entscheidende Punkt darin, dass nicht Gott versöhnt werden muss, sondern der Mensch. Und wesentlich ist auch, dass Jesus die Gottverlassenheit

des Menschen, der seine eigenen Wege geht, für sich selbst übernimmt aus Liebe zu den Weggelaufenen und dabei in den Menschen die Liebe Gottes, der sie aufsucht, anschaulich macht. Es ist ja in der Tat eine ungeheure Kühnheit, den Gott, der diese Welt regiert, als den Gott der Liebe zu verstehen. Wer Christus, den aus Liebe Sterbenden, ansieht, hat diese Kühnheit. Er ist mit Gott versöhnt.

Was liegt in diesem Sprachcode von der »Versöhnung«? Zwei sind zerstritten. Ein Dritter kommt dazwischen auf die Gefahr hin, dass er von beiden angegriffen wird, und stiftet Frieden zwischen ihnen. Oder zwei haben sich einander entfremdet. Ein Dritter tritt zwischen sie und führt sie wieder zusammen. Der Ausgangspunkt für dieses Bild liegt ähnlich dem Gleichnis vom verlorenen Sohn darin, dass der Mensch seine eigenen Wege sucht abseits des Weges, den Gott ihm zugedacht hat, weil er, ähnlich einem pubertierenden Kind, den überlegenen Gott, die große Autorität hasst und sie abwerfen zu müssen meint, um frei zu sein. »Versöhnung« heißt: Wer Christus ansieht, kann seinen Hass gegenüber Gott ablegen, er kann heimkehren und den väterlichen, den ihm freundlich zugewandten Gott finden. Sünde in diesem Sinn und Zusammenhang ist also nicht so sehr Missachtung eines Gesetzes, sondern Abkehr aus einer Gemeinschaft, der der Mensch ursprünglich anzugehören bestimmt war. Und Versöhnung ist, anders als in der Rechtfertigungslehre, nicht die Übernahme der Gerechtigkeit des Christus durch den Menschen, sondern die Rückkehr, die Heimkehr ins Haus des Vaters aufgrund der Liebe des Christus.

Paulus spricht also davon, Christus repräsentiere mit seinem Tod die Menschheit. Seine Stellvertretung sei also nicht eine Stellvertretung im Sinn eines kultischen Opfers zur Versöhnung Gottes, sie sei vielmehr repräsentativer Art und bewirke eine Veränderung in den Menschen. Stellvertretung in diesem Sinn also ist »Proexistenz«.

Die Deutung des Lukas:
Christus, der Vorausgänger

In seinem Abendmahlsbericht verbindet Lukas den älteren Text des Markus mit der Botschaft des Paulus, dessen Mitarbeiter und wohl auch Schüler er gewesen ist. Er fügt das »Für euch«, an dem Paulus so viel gelegen war, in den Markusbericht ein. Markus sagt nur: »Nehmt, das ist mein Leib!« Das heißt: »Das bin ich!« Lukas fügt ein: »Das ist mein Leib, der für euch gegeben wird.« Und er fügt ein, was Paulus in 1. Korinther 11 sagt, das Wort: »Das tut zu meinem Gedächtnis«, mit dem Paulus zeigt, dass ihm nicht das Passamahl, sondern das christliche Gemeindeabendmahl nach Ostern vor Augen steht. Ein drittes, das Lukas mit Paulus gemeinsam hat, ist das »ebenso den Kelch nach dem Mahl ...«. Aber dann interpretiert Lukas den Sinn des Todes Jesu auf seine Weise.

Bei ihm erscheint der Gedanke vom »Weg«, den Jesus geht. So finden wir bei ihm in Apostelgeschichte 3,15 und 5,31 für Jesus die Bezeichnung: der »Vorausgänger«. Der »messianische Anführer«. Er will

sagen: Mit seiner Auferstehung ist die Heilszeit angebrochen, und nun führt er die Seinen mit sich und hinter sich her ins Leben. In Galiläa war er seinen Weg gegangen zu den Armen und Kranken, wie das Evangelium des Lukas ihn schildert, und in Apostelgeschichte 10,38 schließt Lukas daran an: »Er zog umher, tat Gutes und heilte alle, die in der Gewalt des Todes waren, denn Gott war mit ihm.« Die Geschichte des Heils beginnt in Galiläa, sie geht weiter mit den Tagen in Jerusalem, mit seinem Tod, seiner Auferstehung, und sie zieht sich weiter bis in seine Herrlichkeit. In Jerusalem erfüllen sich die Tage seiner »Hinaufnahme«, und er wird zum Vorausgänger für die, die ihm nun »durch viele Drangsale« nachfolgen (Apostelgeschichte 14,22 und öfter). Im Lauf dieses Weges erfüllt sich Gottes Heilsplan, zugleich öffnet sich uns Menschen ein Weg durch unseren eigenen Tod. Jesus leistet aber nicht irgendeine Sühne, er geht vielmehr vor uns her und macht den Weg frei. Und so gelingt es Lukas, seinen nichtjüdischen Lesern den Sinn von Jesu Tod und Auferstehung zu erläutern, ohne sie mit den schwierigen Codes aus der jüdischen Tradition, also mit Opfer, Rechtfertigung, Stellvertretung oder Sühne zu beschweren, und ihnen zu zeigen, welchen Weg sie nun in der Nachfolge Jesu gehen könnten. Damit hat Lukas zugleich das Motiv gefunden, das für den Weg der Kirche in der Zeit nach Jesus wirksam sei.

»Für euch« also heißt bei Lukas »euch voraus«. Es heißt »euch zur Leitung auf eurem Weg«.

Die Deutung des Johannes:
Christus, der Liebende auf dem Heimweg

Auch Johannes deutet wie Lukas die Erscheinung des Christus mit dem Bildwort vom »Weg«. Er kommt vom Himmel, aus dem Uranfang. Er offenbart den Menschen Gott und seine Herrlichkeit. In ihm ist der Vater anschaulich. Christus wird missverstanden und abgelehnt. Er wird erhöht und steigt wieder auf zum Vater, und er erlangt seine frühere Herrlichkeit wieder.

Dieser Christus des Johannes geht nicht einen Weg, der in einer galiläischen Stadt begann und sich am Ende im Weg der Kirche fortsetzt, wie es Lukas schildert, sondern einen Weg vom Himmel auf die Erde, auf der er fremd bleibt, auf der ihm stets das Missverständnis, das Unverständnis und die Ablehnung begegnen. Er geht den Weg des Liebens an das Kreuz, das seine »Erhöhung« bedeutet, und wieder nach Hause zum Vater.

Johannes übernahm freilich auch viel an gemeinsamem urchristlichem Gut, aber er fasst es in neue Bilder, zum Beispiel das »Lamm Gottes« (1,29.36). Ich bin der »gute Hirte«, der »sein Leben für die Schafe« gibt, indem er sie gegen die Bestie verteidigt (10,11.15). »Wenn das Weizenkorn nicht in die Erde fällt und stirbt, bleibt es fruchtlos« (12,24). Und vor allem: »Eine größere Liebe hat niemand als der, der sein Leben hingibt für seine Freunde« (15,13).

Bedeutsamer als der Gedanke der Sühne ist jedoch bei Johannes der andere: Wir erlangten durch den erhöhten Christus das Leben. Zentral ist für ihn:

»Wie er die Seinen geliebt hatte, so liebte er sie bis zu seiner Vollendung« (13,1). Das Kreuz ist für Johannes die Vollendung seines Liebes- und Offenbarungsweges. Der Ertrag seines Todes ist Freiheit (8,36), ist Freude (16,22) und ist Friede (14,27). Die Worte »Rechtfertigung« oder »Gerechtwerden durch den Glauben« erscheinen bei ihm nicht. Für ihn ist selbstverständlich, dass Jesus sein Tod weder von Menschen aufgezwungen noch von Gott auferlegt worden ist, sondern dass er selbst ihn in großer Freiheit wählte: »Niemand nimmt mir mein Leben, sondern ich selber gebe es hin. Ich habe Macht, es hinzugeben, und Macht, es wieder zu nehmen« (10,18).

Sein Tod ist, nachdem er den ihm gegebenen Auftrag, Gott den Menschen zu offenbaren, erfüllt hat, der Weg, den er aus Liebe geht, er ist sein Abschied und die Weise, wie er zu Gott, seinem Vater, zurückkehrt. Das ist eine ganz eigene Deutung und eine, die sich von anderen Möglichkeiten, die es für Christen der ersten Zeit gab, charakteristisch unterscheidet. Sie wurde später durch Augustin, Luther und andere leider fast verdrängt.

Daraus folgen drei Thesen

Die erste:

Die Botschaft des Neuen Testaments ist nicht einförmig

Es gibt mehrere Konzepte christlichen Glaubens. Insbesondere ist die Weise, wie im Neuen Testament der Tod Jesu gedeutet wird, verschieden bis zur Widersprüchlichkeit. Glauben wir aber, dass sowohl Markus, als auch Paulus, als auch Lukas und Johannes Sprecher sind, die zu Recht in den Kanon des Neuen Testaments aufgenommen worden sind, so muss gelten, dass alle Deutungen als gültig anzusehen sind. Mit dem Pluralismus dieser Deutungen muss die Kirche lernen zu leben. In der Vergangenheit hat sie oft genug dazu die Spannkraft nicht gehabt.

Die zweite:

Es kann also niemandem die Verpflichtung auferlegt werden, einer dieser Deutungen den alleinigen Vorzug zu geben

Es kann nicht angehen, dass Christen einander auf eine dieser Deutungen festlegen oder einander zwin-

gen wollen, allem zuzustimmen, das wir bei irgendeinem dieser vier Versuche antreffen.

Ich bin nun ein langes Leben hindurch auf der Reise gewesen durch alle Mittel und Medien der Mission und der Verkündigung, immer auf der Suche nach den Verstehenshindernissen und Verstehensmöglichkeiten heutiger Menschen – nicht immer zum Vergnügen der Hüter von Traditionen –, und ich kann nur davor warnen, von jedermann die Zustimmung zu einer und derselben Gestalt christlichen Glaubens zu erwarten oder gar erzwingen zu wollen. Es gibt deren viele, und ich sehe niemanden, weder einen Papst noch einen Lehrer in den evangelischen Kirchen, der die Mittel und die Vollmacht hätte zu zeigen, welche denn für uns alle die Richtige sei.

Und die dritte:

Wir kommen der Wahrheit und dem Konsens nicht anders näher als durch den freundlichen Dialog

Das sage ich nicht in bedauerndem Ton. Ich sage vielmehr: Es ist die Wahrheit und es ist zu unserem Heil so. Gott hat die Menschen nicht einheitlich geschaffen, sondern mit sehr verschiedenen Köpfen und Herzen. Sie werden das eine verstehen, das andere nicht, und was sie verstehen können, das wird die Wahrheit sein, die ihnen zugedacht ist. So ging Jesus selbst in Galiläa auf langen und oft mühsamen Wegen von Dorf zu Dorf, mit den Menschen

redend, den einen so, den anderen so anredend. Die einen heilend, den anderen aus ihrer Schuldverhaftung helfend, den dritten erklärend, was sie nicht verstanden, den vierten – und vor allem denen, die alles am genauesten wussten – widerstehend. Und immer mit dem Wunsch, den Menschen die Liebe Gottes so ins Herz zu pflanzen, dass sie selbst zu Erkenntnis und Liebe fähig würden.

Wir werden also auch die Lehre unserer Kirche als offenes Feld für den Dialog unter Christen verstehen. Denn Wahrheit eröffnet sich im aufmerksamen Gespräch. Sie will immer wieder neu gefunden werden durch gemeinsame Bemühung. Was wir aber finden werden, wird immer nur ein Aspekt sein, wie er dem Ort und der Zeit und unseren eigenen Denkbemühungen entspricht, eine Teilwahrheit, und niemand ist zu mehr verpflichtet als dazu, der Teilwahrheit, die zu ihm kam, entsprechend zu leben.

Das bedeutet: Eine der Kräfte, die uns zu unserem Weg durch die Welt und zu unserem Auftrag an der Welt befähigen, wird die Freundlichkeit sein, mit der wir den andersartigen Glauben anderer Christen respektieren. Es hat in der Geschichte der Kirchen immer unzählige Christen gegeben, denen Jesus etwas anderes war als den jeweiligen Lehrern ihrer Zeit. Und die Geschichte der Ketzerverfolgungen war immer auch eine Geschichte der Verleugnung des Evangeliums, eine Geschichte der schrecklichen Irrungen und der Verachtung für den redlichen und fröhlichen Glauben anderer Menschen, wie sie etwa den Waldensern oder den Täufern widerfuhr.

Ist es denn unerlaubt zu sagen: Wir Menschen

fassten in keinem Fall das Ganze, und es genüge, dass wir fassen, was uns begegnet und was uns fassbar ist? Nein, wir müssen nie die ganze Heilige Schrift verstanden haben. Es genügt, wenn uns das eine oder das andere aus ihr trifft. Wenn irgendwo ein Funke überspringt, der uns in Brand setzt. Alles Übrige dürfen wir dem überlassen, dem wir unseren kleinen, suchenden und immer wieder auch findenden Glauben anvertrauen.

Das große »Für euch«, das so viele Deutungen erfahren hat, kann für einen schlichten Christen auch das Einfache sagen: »Ich sterbe aus Liebe für euch, nachdem ich für euch gelebt habe. Ich gebe mich für euch hin, damit euch aufgeht, dass Gott nicht ein Gott der Vergeltung ist, sondern ein Gott der Liebe. Ich sterbe, damit das Bild Gottes, des Barmherzigen, in eurer Seele aufleuchten kann und ihr von eurem Misstrauen gegen Gott und von eurer Angst vor Gott frei kommt und euch mit ihm, und das heißt auch mit eurem Schicksal, versöhnen könnt.«

Das ist nicht alles und nicht das Ganze, aber wer das sagen kann, hat den Tod Jesu auf seine Weise verstanden. Er ist in der Mitte des Geschehens, auch wenn andere von einer anderen Seite her in diese Mitte vordringen.

Unlängst habe ich gelesen, wie in einer kirchlichen Verlautbarung zwei Sätze miteinander verbunden wurden. Der erste: »Der Tod Jesu ist als Sühnopfer zu sehen. Das gehört elementar zum christlichen Glauben.« Der zweite: »Denn wir Menschen können uns aus eigener Kraft nicht erlösen.« Ich halte die Verknüpfung dieser beiden Sätze für fahrlässig,

und zwar in gefährlicher Weise. Denn dass wir Menschen uns aus eigener Kraft nicht erlösen können, das sagen und zeigen ja auch alle anderen der oben geschilderten Bilder wie »Sklavenfreikauf«, »Begnadigung«, »Gefangenenbefreiung«, »Versöhnung« und alle die anderen. Das Bildwort vom »Sühnopfer« ist eines von ihnen, aber es ist nicht das einzige, und es kann auf keine Weise für das Ganze stehen.

Was das Abendmahl uns bedeutet

Wir begehen es »zu seinem Gedächtnis«

Wenn Jesus sagt: »Tut das zu meinem Gedächtnis« –
meint er nicht nur das Gedächtnis seines Todes, er
will damit doch wohl auch sagen: Dieses Mahl soll
euch an mich erinnern, an alles, was ich euch gesagt
habe, an alles, was ihr mit mir erlebt habt, was ihr
gesehen und gehört und geglaubt und verstanden
habt, an die Geschichten, die ich euch erzählt habe,
an alle die Menschen, die ich gesund gemacht habe,
und schließlich an alle die Widerstände, auf die ich
getroffen bin bis hin zu dem Leidensschicksal, das ihr
miterlebt. Es scheint eine unerlaubte Verengung, das
Wort »das tut zu meinem Gedächtnis« auf den Tod
Jesu einzugrenzen. »Gedächtnis« hat einen umfas-
senderen Sinn. Wir orientieren also das Abendmahl
am Gedächtnis alles dessen, was wir von Jesus wissen und glauben, das heißt an seinem ganzen Leben.
An seinen Tischgemeinschaften vor allem, seinen
Heilungen, seiner Liebe zu den Geringen und zu den
Schuldigen.

Wir feiern in ihm den Tod, die Auferstehung und die Hoffnung

Was das heilige Mahl zu dem macht, was es der Kirche ist, das ist die Auferstehung des Christus. Und in ihr feiern wir unsere eigene Auferstehung voraus. Vielleicht liegt ein Grundfehler unseres Umgangs mit dem Abendmahl oft schon darin, dass es uns nur ein Erinnerungsmahl an den Tod Jesu zu sein scheint, während es ebenso sehr und mit größerem Gewicht ein Erinnerungsmahl an die Auferstehung ist, ein Dank für die Gabe des Geistes und ein Hoffnungsmahl auf das Reich Gottes hin.

Das älteste Zeugnis davon, das uns erreichbar ist, ist die Abendmahlsfeier der Gemeinde, die sich nach Ostern gesammelt hat. Und so ist die Interpretation des Todes Jesu nur fassbar als das Glaubensbekenntnis einer Gemeinde, die Ostern erfahren hat.

Wenn der Evangelist Lukas gefragt worden wäre, wo denn nun der Auferstandene sei, fünfzig Jahre vielleicht nach seinem Tod und seiner Auferstehung, so hätte er vermutlich auf seine Geschichte von der Begegnung Jesu mit den Jüngern in Emmaus verwiesen. Dort sagte er: Jesus ist dort anzutreffen, wo man, wie es die Jünger auf dem Weg taten, auf das hört, was die Bibel sagt, und wo, wie es abends in der Herberge geschah, das Brot gebrochen und der Wein getrunken wird. Jesus ist dort anzutreffen, wo er mit uns auf den Wegen dieser Erde unterwegs ist und uns dabei auf das Wort der Heiligen Schrift verweist, und er ist dort zu finden, wo wir einen unbekannten Wanderer einladen, unser Gast zu sein. Dort werden

wir ihn erkennen, hätte Lukas gesagt, »an der Weise, wie er das Brot bricht«. Das Abendmahl gewinnt seinen Glanz aus den Berichten von der Auferstehung und aus der Gegenwart und Nähe des Christus und gibt beidem Ausdruck. Es ist also eine Feier, die das Wunder seiner Gegenwart festlich begeht und dabei auf das Mittel eines einfachen Abendessens, nämlich Brot und Wein, zurückgreift.

Es ist hier nicht der Ort, zu untersuchen, was mit Auferstehung gemeint sei. Nur so viel sei gesagt: Ist Christus nicht auferstanden, so ist das Abendmahl ohne wesentliche Bedeutung. Es nähert sich dem Sinnlosen. Denn es wäre dann eine Totenfeier ohne Hoffnung. Es ist aber ein Fest des Lebens, ein Fest der Zuversicht an der Grenze zwischen unserer Welt und der Welt, in die hinein wir alle auferstehen werden. Es zeichnet die Erinnerung an die Gastmahle von Galiläa ebenso nach wie das letzte Mahl Jesu mit seinen Jüngern, und es zeichnet jene gemeinsame Freude voraus, die uns erfüllen wird, wenn wir, wie Jesus sagt, den Wein des Fests »aufs Neue trinken werden im Reich Gottes«.

Alles hängt daran, wie nun die Gegenwart des Christus zu erfahren sei. Er ist in den »Himmel« eingegangen, sagt die Himmelfahrtsgeschichte. Was ist »Himmel«? Das Ungeschickte für uns Deutsche ist dabei die schlichte Tatsache, dass uns für »Himmel« nur ein einziges Wort zur Verfügung steht. Für den blauen Himmel über uns haben wir dasselbe Wort wie für den Ort und Raum Gottes. Im Englischen wird zwischen sky (physikalisch) und heaven (religiös) unterschieden. Die Menschen der Zeit Jesu

haben diesen Unterschied aber schon gekannt in dem klaren Unterschied zwischen dem, was sie sahen, und dem, was sie glaubten. Jesus ging nicht in den Weltraum ein, er kehrte vielmehr zurück in die uns abgewandte Seite unserer Wirklichkeit, die wir meinen, wenn wir sagen: »Vater im Himmel«. Gott aber ist nicht dort, wo der »Himmel« ist, sondern der Himmel ist dort, wo Gott ist. Gott aber ist überall. In allen Dingen und Wesen, in den Gesetzen und Stoffen dieses unseres Kosmos. Er ist die Mitte aller Dinge ebenso wie ihre Peripherie. Er thront nicht einsam über den Wolken, er ist vielmehr das Innerste von allem, was ist, und das Umgreifende um alles Sein. Wenn wir von Gott reden, dann hat alle Trennung von Diesseits und Jenseits keinen Sinn, denn Gott ist in der Zone der Wirklichkeit, die wir kennen, ebenso wie in der, die unserer Erkenntnis entzogen ist. Die Welt ist eine, in ihren sichtbaren und in ihren verborgenen Dimensionen, und Gott durchdringt, erfüllt und umgreift die eine wie die andere.

Statt »Himmel« können wir ebenso sagen: »Gott«. Für die Zeitgenossen waren Himmel und Gott oft Wechselbegriffe, und man sprach oft vom »Himmel«, weil man sich scheute, Gott beim Namen zu nennen.

Wichtig ist daran nur, dass ich von Gott damit grundsätzlich sage, er sei der immer und überall Gegenwärtige, gerade nicht der Abgehobene im himmlischen Thronsaal. Und wenn ich nun von Christus rede, der in den »Himmel« eingegangen sei, dann sage ich von ihm das Nämliche: dass er teilhabe an der universellen Gegenwart Gottes. Ich sage von ihm, was ich von Gott sage, dass er nämlich anrufbar

sei, dass er da sei, wo man ihm die Türen öffnet, wo man ihm glaubt, wo man sich mit ihm verbindet.

Und wie erfahren wir die Gegenwart des auferstandenen Christus? Das Evangelium sagt: Er ist gegenwärtig dort, wo Menschen ihn bezeugen, also im Bericht der ersten Augenzeugen und im Bekenntnis der heute Lebenden. Er ist zum zweiten gegenwärtig dort, wo Menschen vereint sind »in seinem Namen«, das heißt dort, wo sie sich versammeln deshalb, weil sie ihm angehören. Und er ist zum dritten gegenwärtig dort, wo sie einander das Brot und den Wein reichen im Gedächtnis an ihn, an sein Leben, seinen Tod und seine Auferstehung. Zum vierten aber dort, wo wir auf die Ärmsten und Bedrücktesten unter den Menschen dieser Erde zugehen, um ihnen die Liebe des Christus konkret und handfest zukommen zu lassen. Und dabei muss uns deutlich sein, dass der Auferstehungsglaube auf einen neuen offenbarenden Impuls zurückging, den die erste Gemeinde empfing, und dass er nicht nur auf die Erinnerung an das wirkungsmächtige Handeln des irdischen Jesus zurückzuführen ist. Osterglaube will sagen: Gott hat den irdischen und gekreuzigten Jesus als den abschließenden Offenbarer und Heilbringer bestätigt. Er ist uns nahe, wie Gott nahe ist.

Wir vertrauen auf die Gegenwart des Christus

Man hat, vor allem seit der Reformation, zwischen den Kirchen und in ihnen lang und heftig gestritten, wie man sich die Gegenwart des Christus in den Ele-

menten des Abendmahls, in Brot und Wein, vorstellen müsse. Das Mittelalter hatte unterschieden zwischen dem sichtbaren Brot und seinen Eigenschaften und Merkmalen einerseits und der unsichtbaren Substanz »Brot« andererseits. Im Abendmahl nun bleibe das Brot mit allen seinen Merkmalen, seinem Geschmack, seinem Aussehen und Anfühlen Brot. Die Substanz aber verwandle sich in den Leib Christi: So spricht man bis heute von »Transsubstantiation«, also von einer Wandlung der Substanz. Demgegenüber vertrat Luther die Auffassung, die Substanz wandle sich nicht, vielmehr sei der Leib Christi als neu hinzukommende Substanz im Brot gegenwärtig. Wieder anders als Luther lehrte der Humanist Zwingli für die reformierte Kirche, Brot und Wein blieben unverändert, sie »bedeuteten« nur eben Leib und Blut, wenn nämlich ein Mensch sie im Glauben genieße.

Wir stellen fest: Erstens: Die Unterscheidung von »Merkmal« und »Substanz« ist dem Neuen Testament und seiner Deutung des Abendmahls völlig fremd. Es ist auch einem heutigen Menschen und seinem Wissen von der chemischen und physikalischen Natur der Dinge nicht mehr zuzumuten. So wird auch in der katholischen Kirche nach Alternativen zu dieser Erklärung gesucht. Zweitens: Auch nach Luther findet beim Abendmahl kein magischer Vorgang statt, vielmehr ist Christus für ihn in Gestalt seines Wortes gegenwärtig – als Anrede, die uns trifft und der wir antworten mit der Hörsamkeit unseres Glaubens und unserer Aufnahmebereitschaft für die Elemente Brot und Wein. Drittens: Auch in den heutigen Kirchen

werden alle diese drei Vorstellungen noch immer vertreten. Auch die »Konvergenzerklärung der Kirchen des ökumenischen Rates« über Taufe, Eucharistie und Amt von 1982 gleicht die Differenzen zwischen den Vorstellungen der verschiedenen Kirchen nicht dadurch aus, dass sie die Unterschiede einebnet, sondern nur dadurch, dass sie rät, den Unterschieden innerhalb einer wachsenden Übereinstimmung Raum zu geben.

Am anderen Ende möglicher Erklärungen lag schon immer der Versuch, das ganze Problem als das eines Gleichnisses zu verstehen. Spricht nicht Jesus immerfort in Gleichnissen? Sagt er nicht (Johannes 6, 41 ff): »Ich bin das Brot des Lebens«, »Ich bin das lebendige Brot, das vom Himmel kam«, und sagt er damit nicht in der Sprache eines Gleichnisses, die Menschen lebten von dem, was er ihnen sagte? Sagte er nicht: »Ich bin der Weinstock, ihr seid die Reben«? Wie »real« ist denn eine solche Bezeichnung? Wir sind doch nicht tatsächlich aus dem Holz von Reben gemacht! Sagte er nicht: »Ich bin die Tür«? Aber er ist doch nicht an einer Türangel aufgehängt und schließt doch nicht mit einem Schloss! Sagte er nicht: »Ich bin der Weg«? Aber er besteht doch weder aus Steinen noch aus Asphalt. Was bedeutet denn dieses »Ich bin«? Ist es nicht einfach ein Vergleich, die bildhafte Auslegung einer ansonsten ungreifbaren Wahrheit? Ist denn das Reich Gottes nun ein Senfkorn oder etwas anderes? Und liegt im Umkreis solcher Bildreden nicht auch das Wort: »Das ist mein Leib«? Was verstehen wir also unter der viel umstrittenen »Realpräsenz« des Leibes und

Blutes Christi im heiligen Mahl? Noch grundsätzlicher gefragt: Was ist denn »real«?

Ich will ein anderes Gleichnis gebrauchen, zugegeben, ein gewagtes: Wie steht es denn mit einem Zwanzigmarkschein? Sein Papier und die Bilder darauf kann man für zehn Pfennige herstellen. Sein Wert liegt bei zwanzig Mark. »Bedeutet« nun der Zwanzigmarkschein zwanzig Mark? Oder »ist« er zwanzig Mark? Woher kommen denn die DM 19,90, die auf den Wert des bedruckten Papiers »draufgeschlagen« werden? Oder hat er seinen Wert nur durch die Zusage der Bundesbank, sie garantiere diesen Wert? Man könnte lange darüber philosophieren. Er ist Papier. Aber muss er nun seine »Substanz« wandeln, um zu zwanzig Mark zu werden? Oder »gilt« er nur zwanzig Mark, solange der Käufer ihn dem Verkäufer überreicht und der Verkäufer ihn anerkennt? Solange also der Verkäufer den, der ihm das Papier überreicht, nicht für einen Fälscher hält? Und was geschieht mit dem Wert von zwanzig Mark, wenn einer damit seine Zigarette anzündet? Bleibt der Wert nach Aufflammen des Papiers erhalten, da das Papier ja im Auftrag der Bundesbank gedruckt und dort registriert wurde? Und was ist damit, wenn der Schein in der Kasse liegt? Ist er dann vorübergehend nur wertloses Papier, und gewinnt er diesen Wert erst dann wieder, wenn er vom Supermarkt in die Bank gebracht und dem Supermarkt gutgeschrieben wird? Und später erst dann wieder, wenn ein Familienvater den Wert als Kredit bekommt, um sein Eigenheim bauen zu können? Und wie real wird dieser Wert dann? Doch wohl so real wie Backstein oder Fenster oder Dach-

ziegel. Diesen Wert aber hat ein Geldschein nicht aus sich selbst, sondern nur so lange, als es einen realen Gegenwert gibt, eine funktionierende Wirtschaft oder einen Stapel Goldbarren im Keller der Staatsbank.

Im Grunde ist das Geld ein vollkommenes Mysterium, und ich habe einmal einen großen Bankier sagen hören, er verstehe im Grunde nicht, was Geld eigentlich sei. Ich meine, es sei Hermann Abs gewesen. Und so ließe sich die Geltung eines Zwanzigmarkscheines durchaus zu einem Gleichnis wählen für ein »Sakrament«.

Das Sakrament hat ja seinen Sinn nur, solange das Wort Jesu gilt: »Ich bin bei euch alle Tage bis an der Welt Ende.« Das Geld hat seinen Wert nur, solange das Wort einer Bundesbank dazukommt, sie stehe für den Wert gerade, und so lange, wie wir es ihr glauben. So hat man in der »Konkordienformel« des Jahres 1577 unter den evangelischen Kirchen festgehalten, der Leib des Christus werde »in, mit und unter« dem Brot dem Empfangenden gereicht, und aus dieser Formel entstand danach die Vorstellung, nur wo und wann das Mahl gefeiert werde, sei Christus gegenwärtig, nicht also eigentlich im Brot, sondern im Darreichen und Essen des Brotes.

Die Gegenwart des Christus im heiligen Mahl ist also nicht fixierbar, nicht beschreibbar, sie ist nur im Empfang von Brot und Wein, das heißt in seinem Ankommen, erfahrbar. Denn Christus ist nie nah, und er ist nie fern, er ist immer, wenn er denn kommen will, im Kommen. Darum bitten wir im Abendmahl: »Komm, heiliger Geist!« obwohl wir wissen, dass der Geist Gottes »da« ist. Wir sagen: »Dein

Reich komme«, obwohl das Reich Gottes unter uns im Keimen und Wachsen ist. Der Geist Gottes ist die Nähe und Wirksamkeit Gottes, und er ist die Nähe und Wirksamkeit des Christus. Indem nun die Zeichen von Brot und Wein im Namen des Christus und in seinem Auftrag vom einen zum anderen gehen, empfängt der Empfangende den zu ihm kommenden Christus. Wie das zugeht, das darf er so oder so deuten oder erklären, ohne dass durch diese Freiheit des Erklärens die Gemeinschaft, die uns in Christus verbindet, beschädigt werden müsste.

Helmut Thielicke hat uns seinerzeit gesagt, das Abendmahl zu verstehen heiße, seine Wohltaten zu verstehen. Seine Wohltaten seien: unsere Teilhabe am Leiden und an der Auferstehung des Christus, die Vergebung der Sünden und unsere Eingliederung in seinen Leib durch das Band seiner und unserer Liebe. Dass wir diese Wohltaten annehmen, mache uns zur Kirche. Alles andere, zum Beispiel die Frage, »wie« man sich die Gegenwart des Christus vorstelle, könne man dem unverbindlichen Nachdenken des Einzelnen überlassen. Was der nachdenkende Einzelne aber denkt, dürfe von dem Nachdenken seines Nachbarn umso weiter weg ausschwingen, je klarer der Cantus firmus jener Wohltaten das gemeinsame Leben bestimmt.

Es gehört aber zur Weisheit eines Christen, Meinungsverschiedenheiten, die notwendig sind, ehrlich auszutragen, aber jeden Streit, durch den keine Not gewendet werden muss, in Gelassenheit und Frieden zu beenden.

Es verbindet uns zur Gemeinschaft

Wo man um einen Tisch sitzt und miteinander isst, da herrscht nach uralter Sitte das Gesetz des Friedens. Der Gast ist heilig. Im Gast, der plötzlich vor der Tür oder vor dem Zelt steht, könnte ein göttliches Wesen zu uns kommen, dachte man in der alten Welt. Der Gast könnte Elia sein, glaubt man im Judentum. Der Gast könnte Christus sein, dachte man unter Christen. Der Gastgeber aber war sich dessen bewusst, dass er nicht der war, der die Szene beherrschte, sondern der Diener eines göttlichen Wesens, eines Engels, oder was immer im Gast erschien. Solche Gedanken stehen hinter der Geschichte, die erzählt, wie Abraham drei fremde Männer empfängt, wie er in ihnen Engel, das heißt Boten Gottes erkennt, zuletzt Gott selbst, und wie er nicht als der großherzige Gastgeber auftritt, sondern als der Diener der drei fremden Männer. Das Essen schafft Frieden. Es ist der Punkt im Leben, in dem die Welt sich so zeigt, wie sie gewollt wird oder jedenfalls gewollt werden sollte.

Die Gefahr dabei bleibt, und zwar seit Urzeiten und bis heute, dass diese heile Welt der Gemeinschaft nur kurzfristig gespielt wird, dass so getan wird, als gäbe es Frieden in dieser Welt. Wenn ich bei Beduinen des Nahen Ostens zum Mahl eingeladen war, konnte mir nichts geschehen. Niemand hätte mir dabei etwas gestohlen oder weggenommen. Sobald ich mich verabschiedet hatte aber, musste ich damit rechnen, dass die Gastgeber mich hinter der übernächsten Düne überfielen und ausplünderten.

Vor dieser Gefahr wurde ich dort immer wieder gewarnt: Geschützt sei der Gast nur, solange er Gast ist. Und so, scheint mir, wird es sehr leicht auch beim Abendmahl gespielt. Der mir unbekannte Gast neben mir ist mein Bruder, meine Schwester, solange er mit mir vor dem Altar steht. Danach ist er wieder der Fremde, der Konkurrent oder der Gegner oder kann es jederzeit werden.

Jesus aber hat dieses uralte Gesetz der Gastlichkeit mit einem Zielbild verbunden, das auf Dauer und auf Zukunft angelegt ist: dem Reich Gottes. Und was hat es bedeutet, dass schon die Gastmahle in Galiläa mit diesem Zielbild verbunden waren und nicht nur das letzte in Jerusalem? Es meinte einen Gast, der folgende Fähigkeiten gewinnt:

Erstens die Fähigkeit, das Fehlen des Friedens auf dieser Erde als Unglück zu empfinden, und die Fähigkeit, Frieden zu schaffen. Friede ist heute rund um den Erdball die Hauptaufgabe derer, die Jesus an seinem Tisch versammelt, Friede in allen seinen Gestalten von der Einzelbeziehung bis zur politischen Tagesaufgabe. Selig sind, sagt Jesus, die Frieden stiften. Sie werden Töchter und Söhne Gottes heißen. Töchter und Söhne Gottes sind daran kenntlich, dass sie den Streit beenden, nicht daran, dass sie siegen und Recht haben. Daran zeigt sich, wer eine Tochter, ein Sohn Gottes ist: dass der Friede des heiligen Mahls durch ihn unter die Menschen kommt.

Zweitens die Fähigkeit, sich zur Gemeinschaft hin zu öffnen. Der Einzelgänger ist nicht die Gestalt dessen,

der am Tisch seinen Platz gefunden hat. Die Fähigkeit, wahrzunehmen, was zwischen den Menschen geschieht, was in den Menschen, was an ihnen geschieht. Wahrzunehmen, was rundum an Kraftlosigkeit, an Angst, an Schwermut erlitten wird. Denn das Mahl ist ein Fest der Hoffnung auf das Ende des Elends. Dazu freilich müsste das Abendmahl, wie wir es heute feiern, sich gründlich wandeln. Es müsste festlicher, offener, fröhlicher, farbiger sein, es müssten dabei Gespräche möglich sein, wie zwischen Jesus und seinen Gästen immer, wo er war, Gespräche das Fest bestimmten. Zuhören, mitteilen, Rat geben und wirklich miteinander essen und trinken, das wären Elemente einer wirklichen Feier des heiligen Mahls, einer Feier, von der verlässliche Gemeinschaft, Trost und Hoffnung ausgehen könnten.

Drittens die Fähigkeit, mitzufühlen mit der Kreatur. Die charakteristischen Nahrungsmittel des heiligen Mahls sind Früchte der Erde: Brot und Wein. Wir nehmen das Geheimnis der Fruchtbarkeit dieser Erde in die Hand, verbinden uns mit ihm und danken Gott. Dabei könnte uns aufgehen, wie sehr unser Leben vom Leben der Erde abhängt. Von der Krume des Ackers oder des Weinbergs, von Regen, Wind und Sonne, von den unzähligen kleinen und kleinsten Lebewesen, durch die die Erde fruchtbar wird, von den unvorstellbar differenziert angesetzten Geschehnissen der Vermehrung und des Wachstums. Brot und Wein jedenfalls verbinden uns mit dem elementaren Leben auch so, dass wir mit dem Sakrament Verantwortung übernehmen für das Leben der

Erde, für den Acker, für das Gedeihen alles Lebendigen, das heute so konkret bedroht ist. Wir erkennen, dass die Erde selbst ein Sakrament ist, konkret anschaubar, zugleich tief durchdrungen vom Geist, vom schöpferischen Wort Gottes, und wir also mit ihr umgehen sollen, wie man mit einem Sakrament umgeht. Unsere Großmütter haben, ehe sie ein Brot anschnitten, mit der Hand das Kreuzzeichen darüber gemacht und damit gesagt: Brot ist heilig, ein Zeichen, vom Himmel gestiftet und von der Erde hervorgebracht, damit dort Leben sei.

Viertens die Fähigkeit, um der Gerechtigkeit willen sein Wohlergehen und seine Sicherheit zu riskieren. Gerechtigkeit war das Wort, in dem für Jesus alles zusammenkam, was wir Menschen zu tun und zu gestalten hätten. Eine der Gestalten der Gerechtigkeit ist die des Verteilens. Man gebe einem modernen Politiker oder Wirtschaftsfachmann einen Laib Brot in die Hand und bitte ihn, diesen gerecht zu verteilen. Er wird es nicht können. Denn Gerechtigkeit ist nicht zu haben ohne den Verzicht der Besitzenden, ohne den Verzicht der Satten und der Mächtigen auf Besitz und Verbrauch. Wer von der freien Marktwirtschaft das Heil der Völker erwartet, kann keine Gerechtigkeit schaffen, auch nicht zwischen den Völkern. Jesus aber hatte nie etwas mit der Freiheit des Wirtschaftens im Sinn, sehr viel aber mit sozialer Gerechtigkeit. »Nehmt dieses Brot und teilt es unter euch«, sagte er. Die Kunst des Teilens und Verteilens wäre die Fähigkeit, die jedenfalls die Christenheit am Tisch Jesu zu lernen hätte.

Fünftens die Fähigkeit, zwischen dem geltenden Recht und der Gerechtigkeit zu unterscheiden. Das Recht schreibt vor, wer aus irgendwelchen von Krieg und Not gezeichneten Ländern der Erde bei uns Asyl finden kann und wer nicht. Es schreibt vor, wer unser Land nach welcher Zeit wieder zu verlassen hat. Wer vom Tisch Jesu kommt, wird die Spannung aushalten müssen und können, die zwischen dem geltenden Recht und der Gerechtigkeit besteht. Er wird das Recht auf Gastfreundschaft im Zweifelsfall höher einschätzen als das geltende Recht. Die Kirchen waren in früheren Zeiten Orte der Zuflucht. Sie werden es wieder sein müssen, wo die Spannung zwischen Recht und Gerechtigkeit unerträglich wird. Wo Menschen erkennbar in Gefahr für Leib und Leben geraten in dem Fall, dass das Recht an ihnen vollzogen wird. Der Tisch Jesu ist für alle da. Und Jesus hat seine Gäste nie gefragt, mit welchem Recht sie an seinem Tisch Platz nähmen.

Die sechste Fähigkeit: Das heilige Mahl will den Menschen, der sich als Gast weiß und als Gastgeber zugleich. Der das Sakrament empfängt und es weitergibt. Der als Einzelner gelten darf und zugleich seine Person hintanzustellen bereit ist. Das heilige Mahl könnte Ausgangspunkt für eine umfassende Ethik des christlichen Glaubens sein. Denn das heilige Mahl ist ein Mahl der Hoffnung auf das Gottesreich und zugleich ein Gedächtnis für Jesus, den Christus, der um der Gerechtigkeit willen sein Leben gegeben hat. Gerechtigkeit aber heißt in der Bibel

und noch unter heutigen Juden so viel wie Bereitschaft zur sozialen Hilfe.

Wo Sünden vergeben werden, geschieht eine Heilung

Vergebung ist bei Jesus eine heilende Kraft, einzelnen Menschen zugesprochen. Das Wort »Ich vergebe dir« ist wie ein heilender Eingriff in einen Kranken. Und die Bitte »Sprich nur ein Wort, so wird meine Seele gesund« ist überhaupt die zutreffende Beschreibung dessen, was in der Vergebung vorgeht. Ein Wort wird gesagt, und es wird etwas geheilt. Es ist ja nicht zufällig, dass Jesus, der die Menschen in die Gemeinschaft mit Gott zurückholen wollte, ihnen nicht nur ihre Sünden vergab, sondern sie auch »von allerlei Leiden und Krankheiten« geheilt hat, sozusagen, um anschaulich zu machen, was an ihnen geschehen könne und solle. So wuchsen unter seiner Hand zerrissene Menschen wieder zusammen. So heilten unter seiner Hand und unter seinem Wort Verletzungen, Wunden der Herzen und der Gewissen. So machte er die psychisch Kranken frei von den »Geistern«, die sie verwirrten und beherrschten. Wir können das bei Jesus nicht trennen. Die Vergebung der Sünden ist ein Heilungsvorgang.

Die Menschen in Galiläa erlebten an Jesus die liebevolle Gastfreundschaft Gottes. Sie waren willkommen mit allen ihren Schwächen und Bosheiten, mit ihrem Unglauben und mit ihrem labilen Glauben. Sie erlebten, was Paulus später meinte, wenn er sagte:

»Ist jemand in Christus, so ist er ein neues Geschöpf.« Sie konnten einen Schritt in den Frieden tun. Sie wurden mit dem Friedensgruß begrüßt und entlassen: »Geh hin in Frieden!« Sie nahmen Wegzehrung mit für ihren Weg durch das Unheil dieser Erde. Sie bekamen einen Vorgeschmack auf das Reich Gottes. Sie konnten Gott in sich einlassen in der Gestalt dessen, was das Mahl mit Jesus ihnen anbot: Brot und Wein. Sie wussten danach oder ahnten es wenigstens, was Paulus meint, wenn er sagt: »Christus ist in mir.« Oder Johannes: »Gott ist in dir.« Oder Jesus selbst: »Das Reich Gottes ist innen in dir.« Sie waren neu. Sie waren ganz und heil. Sie konnten sich etwas zutrauen, wenn Jesus ihnen den Mut dazu gab mit dem Wort: »Sündige künftig nicht mehr.« Sie sahen einen Sinn. Sie gewannen eine Hoffnung. Und sie wurden reicher an Liebe für jedermann. Die Gestalt des Christus prägte sie.

So ist es tief sinnvoll, wenn der erste Petrusbrief dieses Heilende über das Wirken Jesu hinaus bis in seinen Tod verlängert sieht und sagt: »Ihr seid durch seine Wunden heil geworden« (1. Petrus 2,24). So vollziehen wir im Abendmahl die heilende Kraft der Einladung Jesu und die heilende Kraft seines Todes und seiner Auferstehung zugleich. Denn die heilende Kraft seines Sterbens und die seines Lebens sind eins. Diese heilende Kraft müsste vielleicht künftig deutlicher in Worte gefasst und wirksam gemacht werden, wenn wir von der Vergebung der Sünden reden, damit uns die Vergebung der Sünden nicht zu einem schwachherzigen Vergessen oder Verdrängen des Geschehenen gerät.

Und vielleicht freunden wir uns doch auch wieder mit dem so lange verfemten Gedanken an, der in der alten Kirche oft gedacht worden ist: Das Abendmahl sei ein »Heilmittel zum ewigen Leben«. Für einen Menschen, der Jesus lange genug bei seinem Wirken zugesehen hat, kann das »Heilmittel« nichts Verdächtiges sein. Die Kirche hat in dieser heilenden Kraft einen reichen Schatz. Es ist nur ein Trauerspiel, wie halbherzig, wie sparsam wir alle mit ihm umgehen.

Denn der Sinn der Heilung ist der aufrechte Mensch, die heile Gestalt. Es ist der Mensch, der sich als Tochter oder Sohn Gottes versteht und schon hier im Reich Gottes lebt und aus ihm wirkt. Der Ruf »Folge mir nach!« ist ein Ruf an den geheilten Menschen, der nun dankbar, tätig und zuversichtlich sein Amt anfasst, für die Menschen und für ihre Heilung zu wirken, und sich auch bei der Feier des Abendmahls prüft, ob seine Worte und seine Gesten, ob die Art, wie er mit den Menschen umgeht, heilende Kraft haben.

Das gemeinsame Bekenntnis unserer Sünde ist mit Recht ein festes Element unserer Abendmahlsfeiern. Das mag man als störend empfinden oder als übertriebene Selbstzerfleischung. Es gehört aber zur selbstverständlichen Ehrlichkeit, mit der wir uns selbst, anderen Menschen oder Gott gegenübertreten, dass wir den Unrat in unserem Seelenhaushalt ins Auge fassen und sagen: So sieht es in mir aus! Dass wir nichts beschönigen. Nichts entschuldigen, was Schuld ist. Nichts verharmlosen, was von Gewicht ist. Und nicht unterscheiden zwischen dem Menschen in mir, der dies und jenes Schuldhafte

getan hat, und mir selbst, der doch eigentlich ganz richtig und im Recht sei. Nein, wir bringen unseren ganzen Menschen mit und unsere ganze Lebensgeschichte, alle unsere Schwierigkeiten und alle unsere Verschuldungen und unsere Friedlosigkeit. Beim Abendmahl aber ist es gute Sitte, dies alles nicht nur mitzubringen, sondern beim Namen zu nennen und dabei den Frieden zu suchen, der in der Gemeinschaft mit Gott besteht und der auf das Leben mit den anderen Menschen ausstrahlen will.

Nun wird man kaum sagen können, die etwa im Anhang des neuen evangelischen Gesangbuches vorgeschlagenen Ordnungen der Abendmahlsfeier seien mit dem Bekenntnis unserer Sünde überfrachtet, das ganze Abendmahl sei überlagert von Bußgesinnung und Zerknirschung. Das stimmt einfach nicht. Im Gegenteil. Ich habe schon als junger Vikar empfunden, dass die rasche Sammelbeichte (»... dass wir gesündigt haben in Gedanken, Worten und Werken ...«) wohl nicht viel bringe an Selbstprüfung, an Einsicht und Durchblick. Dafür ist gar keine Zeit. Ich habe deshalb schon damals zwischen den einzelnen Wörtern und Sätzen dieses Sündenbekenntnisses lange Pausen eingelegt, in denen etwas wie Besinnung Raum finden konnte. Aber das besserte wenig. Im Grunde wird nichts vergegenwärtigt, das zu bereuen wäre. Und worin besteht denn die Umkehr, die man sich vielleicht vornimmt? Von ihr ist ohnedies kaum die Rede. Und die Vergebung der Sünden? Wie kann ein Pfarrer mir die Vergebung von Sünden zusprechen, von denen er nicht das Geringste weiß? Und das mit einem knappen Satz, husch-husch, der in

einem Buch steht und so abgefasst ist, dass er alle und niemanden angeht. Das wäre doch zu bedenken: Selbst wenn wir uns entschlössen, die Vergebung der Sünden als das Wesentliche an einem Abendmahl anzusehen, so würde sie doch gerade bei dem Abendmahl, wie wir es landauf, landab feiern, überhaupt nicht erlebt, nicht ernst- und nicht vollgenommen und nicht praktisch vollzogen.

Und was ist nach dem Zuspruch der Vergebung? Wenn wir nach dieser Freisprechung noch singen: »Christe, du Lamm Gottes, erbarm dich unser ...« oder »Kyrie eleison« – ist die Vergebung dann eigentlich geschehen, oder stehen wir erneut vor der Tatsache, dass unsere Sünde Christus in den Tod geführt habe? Sind wir dann Tischgenossen oder immer noch fortdauernd die, die »nicht wert sind, dass Christus unter ihr Dach kommt«? Und haben nicht die Recht, die von der Krematoriumstraurigkeit unserer Abendmahlsfeiern sprechen?

Und wenn wir wieder nach Hause gehen – was ist dann? Sind wir ermutigt, sind wir neu befähigt? Sind wir tüchtiger geworden zur Arbeit im »Weinberg Gottes«? Ist es nicht eine deutliche Tatsache, dass wir auf der einen Seite – mit Recht – viel Gewicht auf unsere Sünde und auf die vergebende Gnade Gottes legen, dass wir aber unfähig sind, Beichte und Sündenvergebung wirklich erlebbar zu vollziehen?

Aber auch, was Sünde eigentlich sei, ist in vielerlei Weise unklar. Sie ist Verstoß gegen die Zehn Gebote, sagen die einen. Sie ist Verstoß gegen das Liebesgebot, sagen die anderen. Oder: Sie ist Abwehr gegen das Evangelium, Unglaube, Gottlosigkeit. Sie ist

Entfremdung des Menschen von sich selbst, Entfremdung von den Menschen und von Gott. Sie ist die Selbstherrlichkeit des Starken, und sie ist die Unterwürfigkeit des Schwachen.

Es gibt, wie schon gesagt, heute Frauen, die sagen: Die Frauen sind in der langen Geschichte auch des christlichen Glaubens so gründlich entmündigt, beherrscht und bevormundet worden, dass sie immer dazu neigen, sich in der Rolle der Unmündigen, der Kleinen und Schwachen zu bewegen, nichts für sich an Heil zu erwarten und immer nach den Männern zu schauen, die es ihnen vermitteln. Ihr eigentlicher Unglaube, ihre Sünde ist – neben allem anderen, was Sünde heißen mag – , ihr Kleinmut, ihre Unfähigkeit, zu glauben, dass sie berechtigt sind, ja aufgefordert, sich nach der Liebe Gottes auszustrecken.

An dieser Stelle sind wir wieder bei dem, was ich von Jesus sagte: Seine Sündenvergebung ist immer auch Ermutigung, Aufrichtung, Kräftigung. Und es wird sich auf alle Fälle lohnen, mit Frauen darüber zu reden, was denn nun für jeden von uns die besondere Sünde sei, die zu heilen wir Jesus Christus zu bitten hätten.

Wer Christus sucht, ist nie »unwürdig«

Noch eine dunkle und gefährliche Frage, die vielen Menschen als schwere Last auf der Seele liegt, sei gestellt. Was meint Paulus mit seinem bedrohlichen Wort: »Wer unwürdig isst und trinkt, der isst und trinkt sich selbst zum Gericht« (1. Kor. 11, 27–29)?

Das Wort ist deshalb gefährlich, weil diejenigen, die sich fragen, ob sie würdig seien, von Paulus gerade nicht gemeint sind, sondern die anderen, denen eine solche Frage nicht einfällt. Es mag ja in Korinth Leute gegeben haben, für die ein gemeinsames Essen Anlass war, sich von denen zu distanzieren, die nichts zum Essen mitbrachten, oder Leute, die, ohne Maß zu halten, fraßen und soffen. So sagt Paulus: »Bei euch scheint es so zu sein, dass jeder losisst, wenn er etwas zu essen hat, der eine ist hungrig, der andere betrunken« (1. Korinther 11,21). Es mag durchaus sein, dass es da in Korinth gelegentlich unappetitlich zuging. Aber das ist nicht das Problem dessen, der sich fragt, ob er denn würdig sei, zum Abendmahl zu gehen. Ihm sind Leib und Blut Christi ja eben nicht gleichgültig, sondern heilig.

Fragen wir doch noch einmal nach den Gastmahlen, die Jesus in Galiläa mit Sündern und allerlei fragwürdigen Leuten gefeiert hat. Waren sie alle »würdig« im Sinn ihrer besonderen »Heiligkeit«? Offenbar gerade nicht. Aber sie waren eingeladen. Es sagte ihnen einer: Du bist mir als Tischgenosse recht, wie immer du kommst. Bring alles mit, was dich drückt und belastet. Lege es außen vor die Tür. Du bist jetzt mein Gast, und damit ist alles gut.

Waren die zwölf engsten Freunde Jesu »würdig«? Ja, und zwar, weil sie berufen waren, ausgewählt und einbezogen. Nein, würdig war keiner, aber gerufen, eingeladen und am Tisch bewirtet wurden alle, die es wollten. Dass wir den Ruf hören, die Einladung befolgen und am Tisch Platz nehmen, ist die einzige Würdigkeit, die wir mitbringen. Sie aber genügt.

Alles kann zum Sakrament werden

Mit Abendmahl und Taufe haben wir die beiden Sakramente vor uns, die in unserer Kirche als von Christus selbst gestiftet anerkannt sind. Aber was macht eigentlich ein Sakrament aus? »Sakrament« ist ja kein biblisches Wort, sondern eines aus der lateinisch-abendländischen Überlieferung.

In einem Sakrament verbindet sich ein Gegenstand oder ein Element mit einem Wort. Der Gegenstand ist uns vertraut wie das Brot. Aber er wird uns gereicht zugleich mit einem Wort. So mit dem Wort verbunden erzählt das Brot eine Geschichte, aber es bleibt dasselbe wie zuvor. Das Geistige wird im Ding manifest, es wird greifbar und essbar und bleibt doch in einer großen Fremdheit stehen. Was du in der Hand hast, so sagt es uns, ist mehr als das Ding. Es ist eine Anrede. Das Brot macht uns deutlich: Was du in der Hand hast, erzählt dir vom Leiden, Sterben und Auferstehen des Christus, und es ist gerade darin die Nahrung, von der du lebst.

Das Wort, das mit dem Brot zusammen zu mir kommt, erzählt mir aber mehr: Es erzählt von allem Leiden und Sterben in der Welt. Und es erzählt mir, wie sich der Bann der Sinnlosigkeit, der über meinem eigenen Leiden liegt, löst: Nämlich so, dass ich eine Stimme höre, die von der Liebe und dem Leid Gottes spricht, aber auch von meiner Zukunft, in der ich als erlöster Mensch das Brot essen werde im Reich Gottes.

Damit aber wird uns das Sakrament zu einem Urbild für das Wesen aller Dinge, die ja alle über das

hinaus, was sie dem Auge zeigen, auch etwas ganz anderes sind, nämlich eine Anrede an uns, ein Wort, das sich an uns richtet. An unser Verstehen. An unsere Einsicht. An unsere Güte, an unsere Barmherzigkeit. Das Sakrament wird über das hinaus, was wir an uns selbst wahrnehmen, zu einem Bild unser selbst. Denn auch wir selbst werden uns nur begreiflich, wenn da etwas in uns ist, das nicht wir selbst allein sind, sondern mehr als wir, und wenn dieses andere in uns anfängt, zu uns zu reden. Der Mensch neben uns wird über das hinaus, als was er sich uns zeigt, zu einem Geheimnis, das wir nur verstehen werden, wenn das andere, das er auch ist, anfängt, zu uns zu reden. Am genauesten sagt Jesus eben dies mit seinem Wort: »In einem beliebigen Menschen, der nach deiner Hilfe ruft, rede ich selbst zu dir, und was du für ihn tust, das tust du für mich.«

Auch der Mensch also kann zum Sakrament werden, zu einer Stimme, die nicht er selbst ist und die aus ihm redet. Zu einem Wesen, das auf etwas ganz anderes verweist als auf sich selbst. Er wird transparent auf Christus hin. Zu einem »Bild Gottes«, wie die Bibel auch sagt. Zu einem Bild dessen, der diese Welt aus sich heraus gesetzt und in ihre Freiheit entlassen hat, aber in ihr überall erkennbar bleibt, ansprechend und ansprechbar gegenwärtig.

Ein Mensch, der das weiß, wird also das ihm Vertraute und das Fremde an den Wesen und Dingen der Schöpfung schützen und ehren und zugleich um die tiefe Verwandtschaft wissen, die zwischen ihm und den Dingen besteht. Denn erst, wenn er das sichtbare Ding sieht und zugleich das Wort hört, das aus ihm

spricht, hat er es in seiner Gänze wahrgenommen. Er wird also versuchen, die ganze Schöpfung in diesem sakramentalen Sinn geistig und leiblich zu begreifen als eine Verbindung von Natur und Geheimnis, und er wird der törichten Meinung nicht verfallen, er hätte mit Hilfe naturwissenschaftlicher Untersuchung ihr Geheimnis enträtselt. Die »Schöpfungsspiritualität«, von der heute das Überleben der Schöpfung auf diesem Planeten abhängt, hat ihr Herzstück in dem Bemühen, mit allen Dingen der Schöpfung umzugehen wie mit einem Sakrament. Im Grunde ist alles, jedes Ding und jedes Wesen, in dem uns ein Wort anredet, das uns betrifft, unser Leben und unseren Tod, ein Sakrament. So sagt Paul Tillich, »sakramental« sei alles, durch das der göttliche Geist erfahren wird.

Und wie sprechen wir denn über uns selbst? Wir sagen: Wir sind Sünder und beschreiben damit, was wir sehen. Wir sagen aber auch, weil es uns gesagt wird: Wir sind Gottes Töchter und Söhne, also gerecht, heil, intakt, gesund. Das heißt: Wir treffen außer dem in uns, den wir kennen, einen anderen an, der uns neu ist, der anders ist als wir selbst und doch mit uns identisch. Diesen anderen in uns kennen wir aus dem Wort, mit dem Gott uns anspricht. Das ist sakramental gedacht.

Wir sagen: Die Bibel ist ein Bericht über die Geschichte der Gotteserfahrungen eines Volkes, geschrieben von Menschen. Und wir sagen gleich darauf: Sie ist Gottes Wort. Das eine ist im anderen. Das Nichthörbare im Hörbaren. Das ist sakramental gedacht.

Wir sagen: Die Kirche ist ein Verein von Menschen dieser Erde wie andere Vereine. Und wir sagen zugleich: Sie ist die sichtbare Gestalt des Christus. Sein »Leib«. Das ist ein Geheimnis. Ein sakramentales.

Wir sagen: Christus ist ein Mensch wie wir. Und wir sagen: Er ist das Wort Gottes an uns. Das ist auf sakramentale Weise zusammen zu sehen und zusammen zu glauben.

Wir sagen: Ein Amtsträger der Kirche ist ein ganz normaler Mensch, nur mit besonderer Vorbildung und beamtenartiger Stellung. Aber auch: In ihm drückt sich ein besonderer Auftrag von Gott aus.

Wir sagen: Diese ganze Welt ist ein von Physik, Chemie und Biologie erklärbarer Zusammenhang. Aber auch: Sie ist ein Ort Gottes.

Das alles ist sakramental gedacht. Das Vordergründige ist greifbar, sichtbar, leiblich. Aber in ihm lebt etwas ganz anderes. Was in ihm lebt, hat in besonderer Weise mit Gott zu tun. Und wir können beides nicht trennen. Die Welt wird uns zur Sprache Gottes.

Denn nach Paulus ist nicht nur das heilige Mahl ein Sakrament. Nach ihm ist nicht nur die Welt ein Sakrament, das heißt eine dichte Verbindung zwischen den sichtbaren Dingen und dem in die Welt eingegangenen Christus. Nach ihm ist auch der Mensch selbst, in den Christus eingeht, ein Sakrament. Damit wird der Mensch bescheidener beschrieben denn als Herr aller Dinge. Er wird aber auch größer gezeichnet, als er es mit aller Selbstüberschätzung tun könnte. Und das nicht, weil er Christus nachahmt oder sich bemüht, zu werden wie Christus, sondern weil Christus in ihn eingeht und in ihm

gegenwärtig ist. Er wird, wie Paulus sagt, ein »Brief des Christus« also eine Botschaft an die Welt.

Wir werden also nicht Kinder Gottes dadurch, dass wir Christus nachahmen, sondern wir werden dadurch zu Nachfolgern des Christus, dass Gott uns als seine Kinder ansieht und dass er auf geheimnisvolle Weise in uns gegenwärtig ist. Denn es geschieht allein aus der Gnade Gottes, dass wir die Gleichgestalt mit Christus erreichen, mit dem Gottessohn und dem Menschen zugleich. Und wir werden aus der Überforderung dieser Zumutung, es sei so, nie herauskommen. Und gerade in diesem Zweifel, in dieser Angst und Unsicherheit sind wir am nächsten bei Christus, dem leidenden, der seine Auferstehung noch vor sich hat und noch nicht durch sie hindurchgegangen ist. In diesem Sinn spricht Dietrich Bonhoeffer von der »Gestaltwerdung nach der Gestalt des Christus«. Indem Christus uns seine Gestalt gibt, werden wir selbst zu einem Sakrament.

Alle Deutungen entstehen in menschlichen Köpfen

Ich habe den katholischen Schwestern und Brüdern keinen Vortrag zu halten darüber, was hinter der Lehre von der Transsubstantiation stehe, oder darüber, was heute noch mit der Philosophie des Aristoteles anzufangen sei. Darüber ist längst eine offene Diskussion unter katholischen Theologen entstanden. Ich rede in diesem Heft in erster Linie zu uns selbst, uns evangelischen Christen. Aber ich weiß mich mit

vielen namhaften katholischen Forschern und Auslegern einig, wenn ich sage:

Ziehen wir doch von unserer Theologie einmal alles ab, was uns den hehren Anschein gibt, als wüssten wir alles am besten. Ziehen wir alles ab, was uns das Recht zu geben scheint, zu sagen: Wir haben die Wahrheit, die anderen haben den Irrtum (ein Recht, das unser Ich so herrlich zu stärken vermag). Ziehen wir aus unserem Wissen und Erkennen doch einmal unsere persönlichen Interessen ab, dann werden wir sehr nahe beieinander sein. Denn hinter unserem theologischen Tiefsinn steht ja eben sehr oft das Bedürfnis, bestehende Grenzen zu schützen, bestehende Machtstrukturen zu erhalten und darum auf bestehende Differenzen Wert zu legen.

Alle Deutungen, seien es katholische, evangelische oder orthodoxe, entstehen in menschlichen Köpfen, und ob sie vom Geist Gottes eingegeben sind, ist nicht immer deutlich. Bleiben wir bei dem, was wir hören, zum Beispiel bei der Anweisung: »Tut das zu meinem Gedächtnis.« Lasst es uns zu seinem Gedächtnis tun.

Vier praktische Fragen und eine Behauptung

Erste Frage:

Müssen es Brot und Wein sein?

In der Handreichung zur Agende einer deutschen Landeskirche ist noch immer zu lesen, nur mit Wein sei das Abendmahl gültig. Nach dem Kriege, in der Gefangenschaft, haben wir das heilige Mahl immer wieder gefeiert. Wir hatten keinen Wein, wir hatten in unseren Blechbüchsen nur Tee oder Wasser. War das ein gültiges Abendmahl? Auf Kirchentagen, wenn wir mit zehn- oder fünfzehntausend Menschen das heilige Mahl feierten, empfing jeder Teilnehmer neben einem Stückchen Brot aus großen Körben einige Beeren einer Weintraube. Heute, da Hunderttausende, wenn nicht Millionen Menschen alkoholkrank sind, feiern wir in unseren Kirchen oft mit Traubensaft. Sind das nun Abendmahle oder nicht? Oder glauben wir doch wieder heimlich an eine magische Umwandlung nur des Weins in das Blut Christi? Auch wenn Brot und Wein für uns vom Ursprung des Abendmahls her selbstverständlich sind, könnte ich mir doch ohne weiteres vorstellen, dass Jesus, hätte er das letzte Abendmahl mit Bauern

aus China oder Vietnam gefeiert, eine Schale Reis hätte herumgehen lassen und gesagt: Das bin ich!

Viel zu lange wurde die törichte Meinung vertreten, Christen eines anderen Kulturkreises müssten unsere abendländischen Choräle singen und sie auf einem europäischen Harmonium begleiten. Andere Melodien seien nicht christlich wie auch andere Rhythmen oder andere Instrumente nicht. Das heilige Mahl jedenfalls findet seine sinnvolle Gestalt durch die Nahrungsmittel, die jeweils dort auf dem Tisch stehen oder durch die Runde gehen, wo es gefeiert wird. Oder ist der Glaube an den gegenwärtigen Christus an unsere Sitten und an unsere kulturellen Verhältnisse gebunden?

In vielen Kirchen wird der Kelch nach jeder Runde mit reinem Alkohol gereinigt. Schon das kann genügen, um einen geheilten Alkoholiker rückfällig zu machen. Mindestens aber, um ihm das Gefühl zu geben, er sei kein geeigneter Gast bei einer Eucharistie. Muss es also Wein sein, was wir reichen?

Phantasie ist gefragt. Liebende Phantasie für Lösungen dieser oder anderer Probleme, die nicht etwa nur medizinische, sondern geistliche sind. Reicht es denn nicht völlig aus, einem Todkranken oder einem sterbenden Verkehrsopfer, wenn kein Wein zur Hand ist, die Lippen mit ein paar Tropfen Tee oder Wasser zu benetzen und ihm zu sagen: Das ist Christus, der zu dir kommt? Kann nicht überhaupt jedes Essen, das im Namen des gegenwärtigen Christus gefeiert wird, zu einem Abendmahl werden?

Zweite Frage:

Wo bleiben die Kinder?

Als ich konfirmiert wurde, herrschte Adolf Hitler. Christsein hieß damals, auf seinen eigenen Füßen zu stehen. Seinen Glauben begriffen zu haben. Sein eigenes Bekenntnis und das der Kirche zu sprechen und ihm nachzuleben. Mein Pfarrer, der Adolf Hitler hasste, bezog dies auch auf das Abendmahl. Er sagte uns: Das Abendmahl feiern Menschen, die wissen, was sie glauben und für wen oder was sie einstehen wollen. Also erwachsene Christen. Ich fragte damals nicht, ob das richtig sei. Ich fand es angemessen. Aber ist das biblisch? Wo bleiben denn die Kinder beim Abendmahl einer evangelischen Gemeinde?

An einem Familientisch essen auch Kinder mit. Sie werden satt von dem Grießbrei oder der Nudelsuppe, die man ihnen gibt, auch wenn sie nicht wissen, wie man das eine oder das andere zubereitet und woraus beides besteht. An ein Gemeinschaftsmahl kann man nicht das Maß anlegen, nur der könne daran teilhaben, der es »versteht«. Wenn wir uns erst beim Abendmahl einfinden dürften, wenn wir es verstanden hätten, dann fände jede Feier dieser Art ohne uns statt. Wer gehört denn zur Familie der Kinder Gottes? Werden zu Hause bei uns, wenn die Familie sich zu Tisch setzt, die Kinder auf die Straße geschickt?

Kinder erleben zum ersten Mal Gemeinschaft und Zugehörigkeit, indem sie trinken und indem sie später auch essen. Dass sie die Nahrung empfangen, die

ihre Mutter für sie hat, ist die erste Erfahrung von Liebe, die in ihr kleines Herz eingeht. Sicherheit und Geborgenheit werden täglich bestätigt dadurch, dass etwas in ihren Mund eingeht, das ihnen ein ihnen zugewandter, liebender und sorgender Mensch füttert. Was geschieht denn im heiligen Mahl an uns Erwachsenen anderes als diese Zuwendung der Liebe Gottes und diese Verheißung von Leben? Nein, das Entscheidende können Kinder so angemessen verstehen wie wir, die sich so viel verstehender dünken. Ich würde jedem noch so kleinen Kind, das an den Altar kommt, das Mahl reichen. Freilich lieber Traubensaft als Wein.

Als unsere kleine Enkelin mit ihren sieben Jahren unlängst zusammen mit ihrer Familie zu einem Abendmahl ging, feierte sie nicht nur selbst mit großem Ernst und wacher Aufmerksamkeit mit, sondern fütterte auch ihren mitgebrachten Teddybären mit einem Stückchen Brot und hielt ihm den Kelch an die Nase. Und wenn wir bedenken, dass ein solcher Bär nicht irgendein Gegenstand ist, sondern ein Teil der Seele des Kindes, dann hat sogar die Beteiligung des Teddybären am Abendmahl einen guten und wichtigen Sinn.

Ich finde es erschreckend, nach welch beliebigen Gesichtspunkten wir Kinder einbeziehen oder ausschließen. Die Taufe lassen wir ihnen zukommen, obwohl sie nicht die Spur von Verstehen mitbringen und obwohl die Taufe eigentlich ein Bekenntnis voraussetzt. Das Abendmahl verweigern wir ihnen, obwohl es beim Essen nur darum geht, etwas zu empfangen. Das entscheidet die Kirche so beliebig

und so zufällig und so ohne rechtschaffene Begründung, wie noch vor wenigen Jahrzehnten die eine Kirche entschied, ordinierte Frauen dürften taufen, nicht aber das Abendmahl feiern, und die andere Kirche, das Austeilen des Abendmahls sei ihnen gestattet, nicht aber das Taufen.

Dritte Frage:

Wer kann teilnehmen?

Das Abendmahl also halten wir für eine Feier für einen begrenzten Kreis von erwachsenen Christen, die Taufe lassen wir praktisch allen Kindern zukommen. Kierkegaard spottete über die Praxis der volkskirchlichen Kindertaufe, im Zweifelsfall würden die Kirchen auch Katzen und Hunde taufen. Die kirchliche Taufpraxis hat tatsächlich etwas Randloses.

Die Abendmahlsfeier aber hat Grenzen. Ob Geschiedene zugelassen sind, ist in der katholischen Kirche noch heute umstritten. Ob Menschen, die Unrecht tun, zugelassen werden dürften, war jahrhundertelang auch in unserer evangelischen Kirche ein Thema der Kirchenzucht. Wer der Kirche nicht angehört, hat keinen Zutritt, selbstverständlich auch kein Moslem oder Hindu.

Ich persönlich würde einen Gast, der zu mir vor den Altar tritt, niemals fragen, ob er ein Christ, ein Nichtchrist oder irgendetwas anderes sei oder gar ob er der evangelischen Kirche angehöre. Dass er kommt, ist das Zeichen seines Wunsches, teilzuneh-

men oder ganz dazuzugehören, und ich würde ihn als Gast des gegenwärtigen Christus empfangen wie jeden anderen, ich würde ihn vielleicht sogar besonders freundlich begrüßen.

Als Gemeinde Jesu sind wir ein Haus am Weg und zugleich die Wanderer, die an ihm vorbei ihre Straße ziehen. In unserem Haus ist ein Tisch für jeden, der Rast sucht, der trinken oder essen will. Komme ich als Wandernder an einem solchen Haus vorbei, dann ist es für mich unerheblich, welchem Volk oder welcher Rasse der Wirt angehört. Und bin ich selbst der Wirt, dann frage ich niemanden nach Namen und Herkunft, der sich in meinem Haus an einen Tisch setzt. Die Begegnung zwischen Wirt und Gast ist die Begegnung zwischen einem, der hungert, und einem, der etwas zu essen anbieten kann. Das ist das ganze Problem der sogenannten Interkommunion.

Ausgrenzen und Rechthaben ist in der Kirche schon immer eine gefährliche Sache gewesen. Wahrheit kann nie festgeschrieben werden, sie ereignet sich, wenn bei einem Menschen der Funke des Geistes überspringt. Wer rechthaben will, verhindert dieses Überspringen. Ernst Käsemann hat einmal das gefährliche Wort gesagt, das Abendmahl sei entweder ökumenisch oder überhaupt kein Abendmahl, sondern eine Sektenfeier. Wer aber im Blick auf das Abendmahl der Wahrheit nahe kommt, ist daran kenntlich, dass er fähig ist, zu feiern. Soll er aber dem Gast sagen, was das Abendmahl sei, so wird er in ein Gespräch eintreten, und er wird sich bemühen, dass eine dialogische, und das heißt eine menschliche Deutung dabei entsteht.

Vierte Frage:

Wer darf einem Abendmahl vorstehen?

Mit dieser Frage sind wir am entscheidenden Punkt. Wir sind gewöhnt zu behaupten, das Austeilen des Abendmahls sei ein Amt, das nur der geweihte Priester, der ordinierte Pfarrer beziehungsweise die ordinierte Pfarrerin verwalten könne.

Aber was sagt das Neue Testament? Was sagt das Evangelium? Es spricht davon mit keinem Wort, auch nicht in einer fernen Andeutung. Wenn der erste Petrusbrief davon spricht, die Leser dieses Briefs sollten sich »als lebendige Steine zum geistlichen Hause und zur heiligen Priesterschaft erbauen, zu opfern geistliche Opfer, die Gott wohlgefällig sind durch Jesus Christus«, und wenn er sich dabei nicht an besondere Amtsträger wendet, sondern an die »auserwählten Fremdlinge in der Zerstreuung«, das heißt an alle, die im Gebiet der Adressaten dieses Briefes leben, dann sagt er damit exakt das, was in der Kirche immer wieder unter dem »allgemeinen Priestertum« verstanden worden ist.

Und wer lädt denn ein zu einem Abendmahl? Zu ihm lädt ja nicht der ein, der es »veranstaltet«, der Einladende ist allein Christus, und der dem Abendmahl praktisch vorsteht, ist selbst wie alle anderen ein Eingeladener, ein Gast, nicht ein Gastgeber.

Wenn uns das Leben und das Wort des irdischen Jesus wegweisender sein muss als alles spätere Verständnis, wenn das Evangelium uns zentraler ist als alle später von der Kirche geschaffenen Dogmen,

dann sehe ich keinen Grund, der dagegen spräche, dass jeder Mann und jede Frau an ihrem Tisch ein heiliges Abendmahl zu feiern berechtigt sind.

Und eine Behauptung:

Die Zeit der Konfessionen ist vorbei

Das ist eine Behauptung, hinter der ich mit meiner ganzen Überzeugung stehe. Die Neuzeit, die von den abendländischen Konfessionen bestimmt war, geht zu Ende und mit ihr, was ihr in religiöser Hinsicht das Gepräge gab. Und dieser Sachverhalt trifft am genauesten auf das Abendmahl zu, auf seine Theorie und auf seine Praxis.

Die wissenschaftliche Auslegung der Bibel kennt heute keine konfessionellen Differenzen. Alle noch bestehenden Unterschiede sind getroffen worden auf der Grundlage von Theorien, die ihre Gültigkeit inzwischen eingebüßt haben. Was die Konfessionen heute noch trennt, sind die Deutungen, die die Kirchen dem Abendmahl im letzten Jahrtausend haben angedeihen lassen. Und sie werden festgehalten insbesondere deshalb – so fürchte ich –, weil sie als Gründe dienen für die fortbestehende Eigenexistenz der Konfessionen.

Warum setzt man sich nicht zuerst zum gemeinsamen Essen zusammen und spricht an der Tafel über die vielen Möglichkeiten seiner Deutung? Mehr als menschliche Einfälle werden ohnedies nicht zusammenkommen, die aber werden offen sein für Ge-

spräch und Gegenrede, sie sind veränderbar und selbst wieder deutbar wie alle menschlichen Versuche, etwas Unfassbares in fassbare Worte zu fassen. Bei diesem Zweitwichtigsten beim Mahl neben dem Essen und Trinken aber, dem Gespräch, wird Streit entbehrlich sein, sofern jedenfalls dabei die offene Bibel auf dem Tisch liegt.

Die Wahrheit liegt im gemeinsamen Mahl, der Spielraum der Möglichkeiten liegt in seinen Deutungen. Diese Deutungen aber werden nie wirklich die Kraft haben, die Wahrheit, das heißt die Reichweite des gegenwärtigen Christus, einzugrenzen. Deutungen sind immer zeitabhängig, kulturabhängig, abhängig von genialen oder weniger genialen Einfällen.

Ich bin davon überzeugt, dass wir eines Tages die Interkommunion, das heißt die Abendmahlsgemeinschaft auch mit der katholischen Kirche ganz selbstverständlich feiern werden, und wenn es noch Jahrhunderte dauern sollte. Dann werden die »ewigen Wahrheiten«, die uns trennten, ihre Zeitgebundenheit, ihre Kurzatmigkeit erwiesen haben. Diese Zukunft aber nehmen wir vorweg. Unter katholischen Priestern spricht man von »vorauseilendem Gehorsam«, wenn man etwas noch nicht Erlaubtes tut, von dem man annimmt, es werde eines Tages erlaubt sein. Da wir im evangelischen Raum den Begriff Gehorsam gegenüber einer Kirchenleitung oder einer Kirchenlehre nicht kennen, möchte ich lieber von vorauseilender Einsicht sprechen, von vorauseilender Festfreude, von vorauseilender Verkündigung des kommenden Reiches Gottes unter den Menschen.

Lasst uns feiern

Streiten können wir später, wenn wir es dann noch wollen

Das Abendmahl lebt in unserer heutigen Welt als ein sonderbarer Fremdling. Aber das ist nicht das besondere Problem des Abendmahls. Das Problem liegt darin, dass große Teile unseres Volkes und der Menschheit inzwischen überzeugt sind, das Christentum sei an seinem Ende angekommen, und dass die Befürchtung, dies könne zutreffen, auch nach denen greift, die sich noch in der Kirche einfinden.

Auf der anderen Seite begegnen wir – nicht nur am Rande der Kirche oder außerhalb von ihr, sondern gerade in ihrem Kern – einer tiefen Sehnsucht nach Feier, nach Stille, nach dichter Gemeinschaft. Millionen gehen in unserer Zeit die seltsamsten Wege, um Ruhe zu finden, Frieden, Sammlung, Kreativität, Gleichgewicht oder irgendein Heil. Eine Kirche, die eine Kerze anzündet und dabei leise erzählt, wie Gott zu uns kommt oder wie wir ihn finden, eine Kirche, die dem verlassenen Einzelnen die Schwester oder den Bruder zu zeigen vermag, wird finden, dass die Ohren und Herzen der Menschen offen sind. Je kleiner der sonntägliche Gottesdienst wird, je leerer die Kirchenräume, desto wichtiger werden Feiern

sein, die die Kraft haben, Menschen aufzufangen und ihnen mit einem stillen, einfachen Ritual Heimat zu geben, Tisch und Bank. Evangelische Gottesdienste, wenn sie denn da und dort noch immer nicht viel mehr als bessere oder schlechtere Schulstunden sind, werden sie auf die Dauer immer weniger erreichen. Je länger die Zeit geht, desto entscheidender wird sein, ob die Kirche im sakramentalen Sinn gegenwärtig ist, ob ihr Mysterium zu finden ist und ihre Türen offen sind, oder nicht.

Es ist ein Zeichen der Hoffnung, dass die Eucharistie, die Feier des heiligen Mahls heute, im Zeitalter abnehmenden Kirchenbesuchs, eher mehr Menschen zu versammeln vermag als früher. Es ist auch ein Zeichen der Hoffnung, dass das Abendmahl heute unzählige verschiedene Formen hat und außer an seinem herkömmlichen Ort als Anhang zum Predigtgottesdienst an vielen eigenen Stellen im Leben einer Gemeinde erscheint. Die Phantasie und Gestaltungskraft unzähliger Pfarrer und Laien schaffen immer wieder neue Möglichkeiten, neue Orte und Zeiten, es zu feiern. Und vielleicht finden auch mehr Laien als früher den Mut, in einer Runde von Freunden oder Angehörigen vor dem Essen einfach ein Stück Brot zu nehmen, es zu brechen, zu verteilen und dabei zu sagen: Das ist Christus, der für euch gelebt hat, für euch gestorben und auferstanden ist und nun unter uns ist und uns verbindet. Ein Glas Wein herumzureichen und zu sagen: Das ist unsere Gemeinschaft mit Christus.

Es geschieht da und dort, dass das Mahl im Zusammenhang mit einer Taufe gefeiert wird. Ein Kind wird

getauft. Es wurde in die Gemeinschaft der Christen aufgenommen. Man hat seiner Sorge, seiner Liebe und Verlässlichkeit und der Liebe und Verlässlichkeit Gottes Ausdruck gegeben. Anschließend versammelt sich die Familie mit Freunden und Paten zu Hause, und das gemeinsame Essen wird dann zum Anlass für ein einfaches Abendmahl. Man bringt damit zum Ausdruck: Du bist uns willkommen, du Gast aus einer anderen Welt. An diesem Tisch, an dem wir uns zusammensetzen, sollst du die Liebe, die Geborgenheit und Sicherheit finden, die du brauchst. Wir wollen dich nähren, kleiden, schützen und fördern, wie es irgend in unserer Macht steht. Wir vertrauen dich deinem Vater im Himmel an, von dem uns Jesus Christus erzählt hat. Und erst, wenn du in das Reich Gottes eingehst, werden wir dich aus unserer Fürsorge und Gemeinschaft entlassen. Ein Vater oder eine Mutter bricht Brot und gibt das Glas Wein und sagt, was ihm oder ihr das Herz eingibt. Es wäre schön, es fänden einmal einige unter uns, Pfarrer oder Laien, eine Art Ablauf für eine solche einleitende Mahlfeier und Texte, die dazu gelesen werden könnten.

Es geschieht auch da und dort, dass das Brautpaar während der Trauung in der Kirche einen Teller mit Brot und ein Tablett mit kleinen Gläsern ergreift und von Bankreihe zu Bankreihe geht als Gastgeber, die ihr Hausrecht in der Kirche in Anspruch nehmen und die nun ihre Gäste bewirten. Oder: Wenn das gemeinsame Essen danach nicht in einer Gaststätte, sondern zu Hause eingenommen wird, feiert man da und dort auch im eigenen Haus dieses Fest und macht das eigene, neue Heim zum Ort eines schlich-

ten Gottesdienstes. Eine der Mütter oder einer der Väter nimmt Brot, bricht es in Stücke, teilt es aus und sagt dazu ein paar Worte der Dankbarkeit und der Ermutigung im Sinne des Abendmahls als ihr persönliches Bekenntnis.

Wir kommen mit solchen Ritualen dem nahe, was in der Urgemeinde der ersten Zeit nach Jesu Tod offenbar üblich war. Es gab damals die sogenannten Agapen oder »Liebesmahle«. Man lud zu einem gemeinsamen Essen ein, bezog auch Nachbarn oder notleidende Menschen allerart ein und feierte in diesem Zusammenhang das Abendmahl. Und beides wurde so verschmolzen, dass man kaum mehr eine Grenze empfand zwischen einem normalen Essen und dem heiligen Mahl.

In unserer heutigen Welt, auch in unserem eigenen Land, ist eines der schlimmsten Leiden der Menschen ihre Verlassenheit. Es hat schon seinen Sinn, einmal die von ihren Männern verlassenen Frauen einer Gemeinde zu einem gemeinsamen Essen einzuladen oder auch die von ihren Frauen verlassenen Männer, die Alleinstehenden oder die Alleinerziehenden, und dieses Essen so zu gestalten, dass es auf irgendeine Weise transparent wird auf das Mahl der Gemeinschaft hin, das Jesus gestiftet hat.

In einem heutigen Krankenhaus ist es sehr schwer, mit einem Sterbenden einen Abschied zu feiern. In der Regel sagt kein Arzt, nun gehe es zu Ende. Der Tod wird in aller Regel verleugnet, auch wenn er schon am Bett des Kranken steht. Der Kranke selbst und seine Angehörigen und Freunde spielen einander gegenseitig die Illusion von der kommenden Gene-

sung vor, obwohl beide wissen, dass von Genesung keine Rede mehr sein kann. Das Krankenabendmahl, das von dem vertrauensvollen Schritt hinüber in die andere Welt spricht, wirkt da wie ein seltsamer Fremdkörper. Wäre es aber unter Christen nicht trotzdem möglich, den Mut zu finden zum bewussten Abschiednehmen, und hätte das gemeinsame Abendmahl mit einem Sterbenden im Kreis der Familie nicht einen unerhört befreienden und tröstenden Sinn? Könnte es dem Sterbenden, der in den dunklen Abgrund seiner tödlichen Verlassenheit zu stürzen fürchtet, nicht doch sagen, in wessen Hand er bewahrt ist und worauf er zugeht?

In der Friedensbewegung kam es vor, dass eine Gruppe, nach einer langen Nacht vor irgendeinem Raketentor müde, sich am Morgen im Kreis aufstellte und das Abendmahl aus der Hand irgendeines Mitdemonstranten empfing. Sie schloss sich damit zu mehr zusammen als einer Interessen- oder einer Angstgemeinschaft. Die Teilnehmerinnen und Teilnehmer verpflichteten sich dadurch zu einem konsequenten Friedensstil ihres Auftretens. Sie erklärten, dass sie die Mühsal ihres Demonstrierens im Gehorsam gegenüber dem Gott auf sich nahmen, der das Leben will, und der sie berechtigte, gegen die Macht der Rechtsorgane des Staats bei ihren Überzeugungen zu bleiben und sich ihre Hoffnung auf Frieden nicht nehmen zu lassen.

Solche Abendmahlsfeiern waren starke Symbole und überzeugende Vorgänge, die weiter keiner Legitimation bedurften. Und oft standen dabei die Pfarrer im Kreis, während ein Laie die Feier leitete. Die klei-

ne, knappe Feier war zugleich Verpflichtung zu einem gemeinsamen Tun und zu einer gemeinsamen Verantwortung. Eine Blechtasse mit einem Schluck Tee oder Mineralwasser reichte aus. Feierlichkeit war nicht vonnöten.

Auch unter den jungen Grünen, zu denen viele Christen gehörten, gab es das, dass sie einander in einer schlichten, zeichenhaften Feier Brot und Wein oder Brot und Traubensaft boten, die Repräsentanten des Lebens dieser Erde sozusagen, und dessen gedachten, der sie geschaffen hat, der sie wachsen ließ und in dessen Namen sie bewahrt werden müssen vor der Gier und der Rücksichtslosigkeit der Menschen.

Wenn aber das Abendmahl in kleinen Kreisen so konkret wird, wenn es so aus der liturgischen Feierlichkeit heraustritt und durch die Phantasie und die Spontaneität vieler ein wenig mehr Deutlichkeit gefunden hat, dann mag und wird es auch weiterhin seinen guten Ort in einer festlich geschmückten Kirche haben. Dann hat auch die feierliche, alte Sprache Sinn, die alten Formeln, das alte Ritual. Auch in seiner durch zwei Jahrtausende hin gewachsenen und gewordenen Gestalt liegt eine große Kraft. Und dann kann auch das große Fest gefeiert werden, das auf den Kirchentagen immer wieder gefeiert worden ist, das Fest, das drei oder vier Stunden dauert, bei dem man zuhört oder redet, bei dem man isst und trinkt, bei dem man still wird, Musik hört, tanzt, singt und wieder zuhört und bei dem man seiner Freude und Zusammengehörigkeit Ausdruck gibt bis hin zum Kuss und zur Umarmung.

In Leipzig steht eine Kirche, die Nikolaikirche, stets offen. Für Rentner, die zusammenkommen wollen, für Nichtsesshafte, die ein wenig Wärme suchen, für Schulkinder, für Alleinstehende, und immer gibt es irgendetwas zu essen. Was dort geschieht, sollte an mehr Stellen in unserem Land geschehen. Die »Vesperkirche«, den offenen Tisch in einer Kirche, die Bewirtung und Aufnahme von Menschen aller Art von der Straße, gibt es schon an immer mehr Orten. Und darin liegt zugleich immer auch eine Neuentdeckung des Abendmahls. Denn wo die Türen offen sind und die Tische gedeckt und wo man das Brot bricht und dafür dankt, da ist Eucharistie.

Wir brauchen uns von unseren langen Traditionen nicht einzäunen zu lassen. Es kann durchaus etwas Quellfrisches unter uns geschehen. Die Laien dürfen ihre Berufung und das Amt von Christen ergreifen. Die Pfarrer brauchen sich nicht zu ängsten vor der Unberechenbarkeit, die in jedem spontanen Fest liegt. Warum fürchten wir uns denn, etwas »falsch« zu machen, wenn doch Christus der Gastgeber ist? Luther sagt: Ein Christenmensch ist ein freier Herr aller Dinge und niemandem untertan, solange er sich als ein Knecht aller weiß und allen zu Diensten ist.

In diesem freien Raum eines unbefangenen Spiels mit vielen Möglichkeiten steht uns die Wiederentdeckung des heiligen Mahles bevor, eine Entdeckung des heiligen Essens, wie sie jeder Zeit und jeder Generation aufs Neue bevorsteht.

Wie also können wir sprechen, wenn wir einander das Abendmahl reichen? Vielleicht so:

Das ist Christus.
Er spricht: Ich bin das Brot.
Nimm und iss!
Ich komme zu dir.
Ich bin bei dir.
Ich bin in dir.
Du wirst leben.
In Ewigkeit.

Und so:

Das ist Christus.
Er spricht: Ich bin der Wein.
Ich will in dir wirken.
In dir reifen.
Bis du ganz in Gott bist.
Lebendig wie ich. In Ewigkeit.

Oder auch so, wie es Ihnen selbst gegeben wird, zu sprechen.

Ein elfjähriges Mädchen aus Italien namens Anna Soldi schrieb, selbst Kind, ein Gedicht für Kinder, denen sie etwas zum Leben auf dieser Erde sagen wollte:

Ich sah, wie der Bäcker ein Herz
machte aus Brot.
Groß und heiß und duftend.
Da dachte ich:
Wenn ich ein Herz aus Brot hätte –
wie viele Kinder könnten davon
essen!
Ich gäbe euch gerne,
meine hungrigen Freunde,
von meinem Herzen aus Brot.

Aber das ist ein Traum,
und meine hungrigen Freunde
weinen noch immer.
Ach, wäre mein Herz doch aus Brot!

UNICEF

Bücher zum Weiterdenken neben unzähligen Titeln, die sich dazu eignen mögen:

Was haben wir bei den Kirchentagen gelernt? Darüber berichtet Georg Kugler in seinem Buch »Feierabendmahl«, Gütersloher Verlagshaus.

Was haben Frauen gegen das Abendmahl besonders einzuwenden? Was für Vorschläge machen sie? Zum Gespräch darüber eignet sich das von der »Frauenarbeit der Evangelischen Kirche in Württemberg« herausgegebene Heft »Wir Frauen und das Herrenmahl« (1996), das über ihre Arbeitsstelle Gymnasiumstr. 36, 70174 Stuttgart bestellt werden kann.

Wer den Erörterungen über den Tod Jesu auf den Seiten 41 bis 67 genauer nachgehen will, dem sei das Buch »Der Tod Jesu«, herausgegeben von Karl Kertelge im Herder-Verlag, empfohlen. In ihm gehen die katholischen Bibelwissenschaftler Johannes Beutler, Joachim Gnilka, Rudolf Pesch, Rudolf Schnackenburg und Anton Vögtle allen diesen Fragen in sehr sorgfältiger Weise nach. Das Buch eignet sich bestens als Grundlage für ein Gemeindeseminar.

Wer sich zum selbstständigen Umgang mit freien Formen des Abendmahls ermutigen lassen möchte, der findet Anregungen dazu in dem Buch »Abendmahl«, herausgegeben von Christian Zippert, Gütersloher Verlagshaus.

Sind die Zehn Gebote überholt?

Dieses Buch erregt Aufsehen!

Wenn Jesus Gebote geschrieben hätte, würden sie sich anders anhören, als die Zehn Gebote des Alten Testaments. Jörg Zink leitet aus den Evangelien zehn Angebote und Weisungen ab, wie sie von Jesus her für Christen am Ende des 20. Jahrhunderts gelten.

Jörg Zink
Neue Zehn Gebote
96 Seiten, Paperback

KREUZ: Was Menschen bewegt.